보석이 필요한 이유

김성기 생각

우리는 왜 반짝임을 바라보는가?

보석은 단순한 장식일까,
아니면 인생을 담은 상징일까?
지금, 우리는 보석에 대한 몇가지 질문을 시작합니다.

나는 왜 보석에 끌릴까?
사람들은 어떤 기준으로 그것을 '보석'이라 부를까?
그리고 우리 삶 속에서 보석은 어떤 가치를 남기고 있을까?

    우리는 본능적으로 반짝이는 것에 시선을 빼앗깁니다. 반짝이는 것은 감정을 연결하는 신호이기 때문입니다. 파도에 부딪혀 부서지는 햇살, 위협으로부터 몸을 지키는 불씨, 날카로운 도구들이 뿜어내는 섬광 등 우리는 반짝이는 빛을 감지하고 반응해야 했습니다. 아마도 그 기억이 지금도 무의식 깊은 곳에 남아 있어, 우리는 여전히 반짝임 앞에서 발걸음을 멈춥니다.

    하지만 그 빛이 단지 본능의 잔재라고 치부하기엔 설명이 부족합니다. 쇼윈도안에서 조명을 받은 보석이 눈부시게 빛날 때, 도심 속 네온사인이 밤 공기를 물들일 때, 또는 어두운 밤 하늘 별빛이 유난히 또렷하게 보일 때, 우리는 마음의 동요를 느끼게 됩니다. 우리는 왜 이토록 반짝이는 것에 끌리는 걸까요?

    보석의 반짝임은 시각적 아름다움을 넘어, 감정을 만들고 마음을 움직입니다.

    "이 보석은 나에게 의미 있는 존재"라는 생각이 드는 순간, 그 감정은 내면 깊이 파고 들 듯 울려 퍼집니다. 어떤 이에게는 작은 펜던트 하나가 오래 전 설렘을 떠올리게 하고, 또 다른 이에게는 선물 받은 반지가 한때의 사랑의 약속을 되살려줍니다. 보석은 어떤 말도 하지 않지만, 그 빛이 때로는 언어보다 더 또렷하게 우리를 위로합니다.

-들어가며-

"당신은 지금 이대로 충분하다."는 무언의 메시지로.

같은 보석을 바라보아도 그 의미는 사람마다 다릅니다. 그건 보석의 빛이 각자의 기억과 맞닿을 때 비로소 특별한 감정이 깃들기 때문입니다. 그래서 우리는 중요한 순간마다 보석을 꺼냅니다. 결혼식, 졸업식, 첫 출근, 혹은 외롭고 불안한 어느 날. 그것은 단지 꾸밈이 아니라 스스로를 다독이고, 다시 나를 믿게 해주는 조용한 의식입니다. 오래된 기억과 감정, 나조차 잊고 있던 내면의 이야기를 간직하고 우리를 일깨워, 다시 '나'와 마주할 수 있는 시간을 가지기 위해서 입니다.

겉모습의 반짝임이 전부인 것이 아닌, 그 빛을 통해 우리가 무엇을 느끼고 기억하는지가 진짜 의미입니다.
보석은 지금도 말없이 마음 깊은 곳의 말을 대신하고 있습니다.
알고 있다는 듯, 다정하게.
아무 말 없이, 그러나 분명하게.

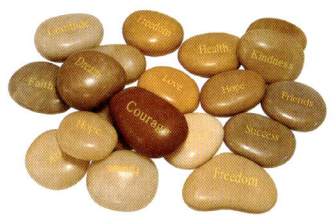

-저자약력-

김성기 Steve Kim

디자인학 박사, 보석학 석사
GIA보석감정전문가, 보석감정사, 주얼리가치평가사
주얼리스페셜리스트, 하이주얼리전문가, 주얼리비지니스기획자

지금은
㈜코리아주얼리센터 대표이사
한국주얼리가치평가원 원장
㈜서울옥션 보석분야 고문위원

과거에는
GIA Korea 부원장
㈜케이옥션 명품팀 이사
㈜극동GNS 주얼리팀 이사
젬스쿨보석전문학원 부원장
한국보석학원 강사

업계에서는
코리아주얼리소사이어티 공동대표
(사)한국보석협회 부회장
GIA한국총동문회 수석이사
(사)한국귀금속보석디자인협회 자문위원
한국귀금속보석단체장협의회 전)사무총장
한국보석광물수집가협회 전)사무총장
한양대학교 공학대학원 보석학과 전)동문회장
(사)한국보석협회 전)주얼리마스터 분과위원장

지식전달
인덕대학교, 원광대학교, 부천대학교, 부산여자대학교, 공주대학교
서울과학기술대학교, 한양대학교, 국립한경대학교, 한국폴리텍대학교
Chanel, Cartier, Damiani, Bulgari, Van Cleef & Arpels, Addir, Lloyd
롯데백화점, 신세계백화점, 갤러리아백화점 등

방송출연
100인의 감정쇼, 생생정보, 경제야 놀자, 알토란, 영수증을 보여줘, SBS 8시뉴스 등

일러두기

 이 책에서는 보석 관련 용어를 국립국어원의 외래어 표기법에 따라 표기하였으나, 보석과 주얼리를 설명하는 데 꼭 필요한 특수한 용어는 원어를 우선하여 표기하였습니다. 또한, 이 책에서 '보석'이라는 표현은 주얼리 전반을 포함하는 의미로 사용하였습니다.

이 책에서 GEMS란?

"GEMS"는 단순한 단어가 아니라, 여러 중요한 요소가 결합된 의미 깊은 단어입니다. 인문학적 관점에서 GEMS를 다시 정의하면, 다음과 같은 네 가지 의미를 담고 있습니다.

Gesture — 보석, 말하다

말하지 않고 말하는, 보석의 몸짓

보석은 말하지 않아도 말을 전합니다. 반지를 내밀고, 브로치를 달고, 목걸이를 건네는 모든 행동은 감정과 의도를 담은 몸짓이며, 언어 이전의 언어입니다.

Emotion — 보석, 느끼다

감정의 울림을 담은 조각

반지는 사랑의 약속이 되고, 목걸이는 그리움의 흔적이 되며, 유산으로 전해지는 브로치는 존재의 기억을 품습니다. 보석은 감정을 전달하는 매개체입니다.

Memory — 보석, 기억하다

빛의 결정에 깃든 시간

보석은 세대를 거쳐 전해지는 기억의 저장소입니다. 한쪽만 남은 귀걸이, 작아진 약혼반지, 빛 바랜 팬던트 속에는 말로 남기지 못한 기억들이 잠들어 있습니다.

Sympathy — 보석, 연결하다

머물며 이어지는 빛

보석은 사람과 사람을 잇는 감정의 끈입니다. 사랑하는 이를 위한 선물, 이별을 위로하는 반지, 친구와 나누는 우정의 목걸이 등은 공감과 유대를 표현하는 물질적 방식입니다.

보석은 인간 그 자체입니다.
이 작은 결정체는 지구의 심연에서 태어나 인간의 눈, 손, 심장으로 옮겨집니다.
그리고 그 여정은 언어, 감정, 기억, 연결이라는 네 가지 축 위에 놓여 있습니다.

"GEMS"라는 단어를 통해 우리는 자연의 창조, 인간의 감정, 문화적 의미, 상징적 가치를 모두 아우르는 보석의 세계를 더 풍부하게 이해할 수 있습니다.

보석의 가치를 책에 새기다

작년부터 준비해 온 이 책을 마무리하던 어느 날,
보석의 가치를 다시 생각하게 하는 기회가 있었습니다.
바로 우리나라 야구 역사에 큰 획을 그은 김병현 선수의 월드시리즈 우승 반지 두 점을 감정하는 전문가로서 방송 프로그램 KBS 100인의 감정쇼에 참여하게 된 것입니다.

야구 전문가, 문화 평론가, 아트 디렉터 등 다양한 분야의 스페셜리스트들과 함께 그 반지에 담긴 의미를 깊이 살펴보았습니다. 반지의 크기나 소재만으로는 설명할 수 없는 역사, 감동, 기억, 그리고 상징이 그 안에 담겨 있었고, 저는 다시금 스스로에게 질문을 던졌습니다. 보석은 단순히 가격이나 브랜드가 아니라, 올바른 이해와 사용을 통해 진정한 빛을 발하는 존재임을, 그리고 그 가치를 이야기할 때는 물질적 요소뿐 아니라 문화적 의미와 사회적 상징성까지 함께 고려해야 한다는 점을 말입니다.

저는 25년 동안 보석 교육자이자 감정사, 가치평가사로 활동해 왔습니다. 그 시간 동안 가장 크게 깨달은 것은, 보석의 가치는 단순히 물리적 특성에 머무르지 않는다는 사실입니다. 보석은 감정과 문화를 담아내는 귀중한 자산이며, 단순한 장신구가 아니라 우리의 삶과 마음을 표현하는 상징이기 때문입니다.

이 책은 일반 독자와 보석을 사랑하는 모든 분들께 보석의 진정한 가치를 이해하는데 도움이 되고자 쓰였습니다. 우리는 흔히 보석을 아름다움으로만 바라보지만, 그 안에는 심리적 가치, 역사적 가치, 그리고 사람을 감동시키는 힘이 함께 담겨 있습니다.

많은 이들이 보석의 가치를 말할 때 금전적 가치나 시장 시세만을 떠올립니다. "얼마에 샀다, 얼마에 팔았다"라는 대화가 대부분을 차지하죠. 물론 금전적 가치도 중요합니다. 그러나 이 책에서 제가 나누고 싶은 것은, 보석의 진정한 가치는 선택의 가치, 전달의 가치, 그리고 소장의 가치에 있다는 점입니다.

보석이란 무엇일까요?
보석과 사람의 위대한 여정은 무엇일까요?
이 책을 읽는 동안 스스로에게 이런 질문을 던져 보세요.

보석은 단순한 아름다움을 넘어, 개인적인 의미와 문화적 상징, 그리고 우리가 살아가는 방식을 담고 있는 소중한 자산입니다. 보석을 소유하고 착용하는 과정에서 우리는 나만의 이야기를 담을 수 있는 기회를 가지게 되며, 그것이 보석의 진정한 가치를 더욱 빛나게 합니다.

보석의 가치는 단순히 현재의 금전적 가치와 권위의 상징을 넘어서, 미래의 감동과 소중한 추억을 담고 있습니다. 또한 보석을 선물하는 것은 단순한 사랑의 표시를 넘어, 시간을 초월한 가치를 전달하는 방법이 됩니다. 소장의 가치 또한 중요합니다. 오랜 기간 보석을 소유함으로써, 그것은 단순한 물건이 아니라 나만의 유산이자 가족의 역사가 되어갈 수 있습니다.

보석은 단순한 물질적 재화가 아닙니다.
사랑과 기억, 그리고 우리가 살아가는 방식을 담고 있는 소중한 자산입니다. 이 책을 통해 여러분이 보석의 숨겨진 가치를 발견하고, 나만의 보석 이야기를 만들어 가는 데 도움이 되기를 바랍니다.

2025년 여름
김성기

-감사의 글-

이 책을 집필하는 과정에서 많은 분들의 도움과 격려가 있었습니다.

먼저, 오랜 시간 함께하며 저를 믿고 지지해 준 가족에게 깊은 감사를 드립니다. 그들의 사랑과 응원 없이는 이 책을 완성할 수 없었을 것입니다.

또한, 책의 내용에 전문적인 조언과 피드백을 아낌없이 주신 업계 선후배님과 동료, 그리고 관계자분들께도 깊은 감사를 드립니다. 여러분의 깊은 통찰과 경험 덕분에 이 의미와 가치를 진정으로 담아낼 수 있었습니다.

이 책이 보석이 지닌 진정한 의미와 가치를 전하고, 보석과 주얼리를 읽는 즐거움과 그 아름다움을 독자들에게 전달할 수 있도록 주얼리작품 이미지를 제공해 주신 명장님, 주얼리 디자이너, 작가, 브랜드 대표님들께도 깊은 감사를 드립니다. 여러분의 작품 하나하나가 이 책을 더욱 풍성하고 생생하게 만들어 주었습니다.

책의 출간 과정에서 도움을 주신 출판사 변재희 대표님, 김동규 대표님, 그리고 김보경 실장과 관계자 여러분께도 감사드립니다. 세심한 편집과 디자인, 출판 전반에 걸친 지원 덕분에 이 책이 세상에 나올 수 있었습니다.

마지막으로, 이 책을 읽어 주실 보석을 사랑하는 독자 여러분께도 감사의 마음을 전합니다. 여러분의 관심과 사랑은 보석의 가치를 더욱 빛나게 하는 원동력이 될 것입니다.

이 책에 담긴 모든 감사의 마음을 다시 한 번 전하며, 여러분의 삶에도 늘 소중하고 의미 있는 보석이 함께하기를 바랍니다.

Steve Kim

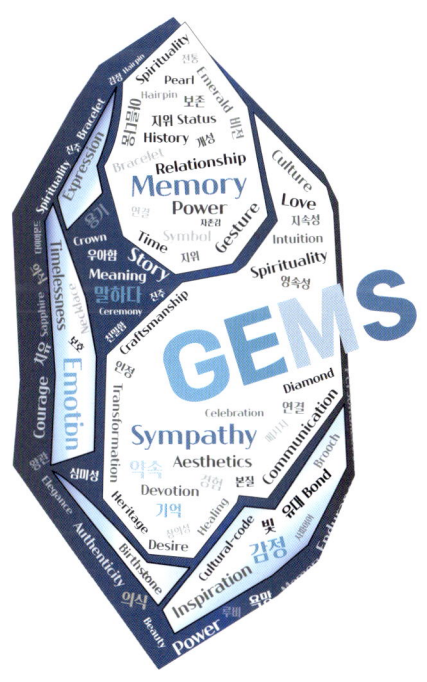

-차례-

GEMS 01
G | Gesture _ 보석, 말하다

말하지 않고 말하는, 보석의 몸짓

1. 안녕, 나는 보석이야 / 18
2. 보석의 마음을 듣다 / 20
3. 감정의 방식, 문화의 결 / 22
4. 진짜 보석은 언제 태어나는가 / 25
5. 존재하지 않았던 '가치'는 어떻게 생기는가 / 27
6. 스스로에게 주는 첫 선물 / 29
7. 들꽃 반지와 첫 여행의 기억 / 32
8. 프로포즈는 왜 반지여야 했을까 / 34
9. 부모가 아이에게 건네는 첫 보석 / 36
10. 반지는 고백이 되고, 목걸이는 위로가 된다 / 38
11. 기억이 덧씌워진 물건의 무게 / 41
12. 도둑도 안 가져가는 유품 / 44
13. 착용의 일상성, 감정의 반복적 복원 / 46
14. 달항아리의 탄생 / 48

GEMS   02
E | Emotion _ 보석, 느끼다

감정의 울림을 담은 조각

1. 마음을 닮은 첫 언어, 보석 / 52
2. 그 반짝임에 마음이 먼저 움직였다 / 54
3. 보석, 눈에 보이는 기도 / 56
4. 보석이 그린 자화상 / 58
5. 탄생석은 누구의 이야기인가? / 60
6. 결혼반지에 담긴 약속의 철학 / 62
7. 검은빛이 전하는 애도의 방식 / 64
8. 오래된 반지 이야기 / 67
9. 감정은 스쳐가고, 의미만 남았다 / 70
10. 이유 없이 존재하는 보석은 없다 / 72
11. 자신을 표현하는 가장 조용한 방법 / 74
12. 마음이 다녀간 자리에 남은 작은 조각 / 76
13. 나의 하루에 보석이 필요한 이유 / 79
14. 로마네-콩티 / 82

GEMS 03
M | Memory _ 보석, 기억하다

빛의 결정에 깃든 시간

1. 신의 장신구, 문명의 시작 / 86
2. 하늘과 땅을 잇는 돌, 종교와 보석 / 88
3. 정복자의 증표, 전쟁과 보석 / 90
4. 귀족의 손끝에서 태어난 권위 / 92
5. 왕관의 무게는 금이 아니라 힘이다 / 94
6. 색으로 말하는 권력과 위엄 / 96
7. 시대별 이상적인 '아름다움' / 98
8. 박물학의 유산, 수집된 시간의 빛 / 101
9. 누군가를 잊지 않기 위한 장신구 / 104
10. 전해지는 감정, 유산이 되는 목걸이의 시간성 / 106
11. 나만의 이야기를 새긴 디자인 / 108
12. 20세기 여성의 자유와 진주 / 111
13. 우승반지의 의미, 몸에 새겨지는 '존재의 증명' / 113
14. 김환기의 우주 / 116

GEMS   04
S | Sympathy _ 보석, 연결하다

머물며 이어지는 빛

1. 정밀함보다 진심이 오래 반짝인다 / 120
2. 보석으로 다시 이어지는 관계 / 123
3. 보석은 삶의 타임캡슐 / 125
4. 감정의 알고리즘, 보석을 고르는 새로운 방식 / 128
5. 화면 속 반짝임, 버추얼 주얼리의 시대 / 130
6. 감정을 잇는 보석, 기술로 확장된 공감 / 133
7. 이름 없는 브랜드, 의미로 연결되는 보석들 / 136
8. 영화 속 명장면과 함께한 보석 / 138
9. 오페라의 무대 위, 상징의 반짝임 / 140
10. NFT 보석, 연결의 방식이 바뀌다 / 142
11. 다가올 세대는 어떻게 보석을 소비할까 / 144
12. 디지털 시대의 실체 있는 가치를 찾다 / 146
13. 시간이 지나도 그 자리에 남는 것 / 148
14. 1캐럿 다이아몬드 / 150

김성기의 보석으로 읽는 인문학

야생화. ⓒ최옥남 명장

# GEMS | Gesture 보석, 말하다
말하지 않고 말하는, 보석의 몸짓

1 안녕, 나는 보석이야

여러분은 지금 어떤 돌, 어떤 보석을 가지고 있나요?

이 세상엔 수없이 많은 돌이 존재합니다. 산과 강, 바다 어디에서든 우리의 발밑에는 늘 돌이 깔려 있고, 우리는 대부분 그것들을 무심히 지나칩니다. 그러나 그중 일부는 세상에서 가장 값지고 특별한 이름을 얻습니다. 바로 '보석' Gem, 寶, Bijou 이라는 이름입니다.

그렇다면 질문이 생깁니다. 돌과 보석의 차이는 어디서 시작될까요?

과학적으로 보석은 희소하고 단단하며, 빛을 머금고 아름다운 색을 가진 광물입니다. 하지만 이러한 기준만으로 모든 것이 설명되지는 않습니다. 보석이 되는 진짜 순간은, 그 돌을 바라보는 사람의 마음이 담기는 순간부터 시작되기 때문입니다.

같은 조개껍데기라도 아이의 첫 바다여행에서 고사리 손으로 직접 주운 것이라면 평생의 보물이 되고, 길에서 주운 작은 돌멩이도 사랑하는 이가 마음으로 건넸다면 그 순간 보석이 됩니다.

즉, 돌과 보석의 경계는 물리적 특성이 아니라 감정과 의미, 그리고 관계에서 비롯됩니다.

사람은 늘 무언가를 간직하고 싶어 했고, 말로 다 하지 못한 감정을 형태로 남기고 싶어 했습니다. 보석이란 결국, 자연이 만든 아름다움에 사람의 감정이 더해진 것이며 그 안에는 기억과 마음이 깃들어 있습니다. 그래서 보석은 사랑의 증표가 되었고, 가족의 유산이 되었으며, 때로는 자기 자신을 잊지 않기 위한 상징이 되었습니다.

돌은 그저 존재하지만, 보석은 사람과 함께 시간을 살아가는 존재입니다. 그 안에는 시간, 추억, 감정, 다짐, 기도와 같은 우리 삶의 모든 장면이 작게 담겨 있습니다. 단지 빛나는 돌이 아니라, 그 안에 사람의 이야기가 담긴 순간부터 생겨나는 또 하나의 생명입니다.

돌과 보석의 진짜 차이는, 사람의 마음이 그 돌에 스며든 순간부터 시작됩니다.

Octopus minor. ©임희진 디자이너

VIOLET FANTASY. ⓒ강민정 교수

2 보석의 마음을 듣다

　우리는 시대별 문화유산을 떠올릴 때, 흔히 조각이나 건축 같은 거대한 예술작품을 먼저 생각합니다. 하지만 긴 시간을 지나도 형태의 변화 없이 감정의 온기를 고스란히 간직해온 물건도 있습니다.
　바로 보석입니다.

　보석은 작고 조용하지만, 시간의 흐름 속에서도 사람과 시대, 감정을 압축해 전해왔습니다.
　조각이 인간의 외형이나 이상을 표현해왔다면, 보석은 그 사람이 품었던 마음과 기억을 담는 그릇에 가깝습니다.

　조선 시대의 비녀 와 노리개 는 단순한 장식을 넘어 가문과 여성의 삶, 부부 간의 약속을 상징했습니다. 혼례를 준비하던 신부의 머리 위에 꽂힌 비녀, 대를 이어 전해지던 노리개의 옥 장식에는 그 시대의 감정과 바람이 담겨 있었습니다.

오늘날에도 작은 반지 하나가 '널 기억할게'라는 조용한 마음을 대신 전하고, 오래 간직된 브로치에는 관계의 시간이 스며 있습니다. 보석은 누군가의 감정을 머금은 채 시간이 지나도 여전히 그 의미를 간직한 물건입니다. 조각이나 건축물이 시대의 흐름 속에 사라지거나 변형되는 반면, 그 시대를 살았던 이들의 루비, 에메랄드, 자수정 같은 보석은 여전히 빛을 지닌 채 남아 있습니다.

보석은 단지 아름다운 물질이 아니라 감정과 기억을 담는 물리적 매개체이기도 합니다.

조각이 감상되는 예술이라면, 보석은 같이 살아가는 예술에 가깝습니다. 조각이 신화나 이상 을 형상화할 때, 보석은 일상의 감정들, 기쁨과 슬픔, 고백과 다짐을 담아냈습니다. 사랑하는 이를 떠나 보낸 뒤 손에 쥔 브로치, 전환점에서 스스로 고른 반지, 어머니가 딸에게 물려준 목걸이는 삶을 반영하며 존재만으로도 마음의 깊이를 전달합니다. 박물관에 보관된 유산이 아니라 매일 손끝에서 감정을 일깨우는 물건이 되기 때문입니다. 형태보다 오래 남는 것은 마음이고, 물질보다 깊게 남는 것은 기억입니다.

보석은 그 감정을 담아내며 삶의 조용한 순간들을 오래도록 빛나게 합니다.

내 아름다운 나라. ⓒ김선희 디자이너

3 감정의 방식, 문화의 결

보석은 전 세계 어디서나 아름다움의 상징입니다.
하지만 그 아름다움을 어떻게 느끼고, 왜 소유하려 하는지는 문화마다 다릅니다. 그 차이는 단순한 취향이나 유행의 문제가 아니라, 사람이 보석에 기대는 감정의 방식, 그리고 삶을 바라보는 철학에서 비롯된 것입니다.

서양에서는 보석이 오랫동안 자기 표현의 수단이었습니다. 고대 그리스·로마 시대부터 귀족과 왕실은 보석을 통해 권력을 드러냈고, 중세 이후 상류층 여성들은 자신의 취향과 독립성을 강조하는 장치로 보석을 선택했습니다.
오늘날에도 결혼 반지, 이니셜 목걸이, 탄생석처럼 개인의 정체성을 시각적으로 표현하는 문화는 강하게 이어지고 있습니다.

보석은 말하듯 다가옵니다.

"나는 이런 사람입니다. 이것이 나의 가치관이고, 나의 스타일입니다."

　반면 동양에서는 보석이 개인보다는 관계 속에서의 의미로 자리해 왔습니다. 한국, 중국, 일본을 비롯한 동아시아 문화에서 보석은 복과 장수, 겸손, 정서적 깊이 같은 가치를 담아왔습니다.
　조선 시대 여성들이 착용한 노리개나 비녀는 단순한 치장을 넘어, 가문과 가정에 대한 소망, 혼례의 서약, 여인의 품격을 상징했습니다.
　장례葬禮에서 옥을 함께 묻는 풍습은, 옥이 지닌 정결함과 영혼 보호의 상징성을 통해 죽은 이와 산 자의 연결, 생명과 기억의 지속성을 표현한 감정적 장치였습니다.
　동양에서 보석은 이렇게 말합니다.
　"나는 이 관계 속에 있습니다. 이것은 나의 유산이며, 정체성과 연결된 기억입니다."

　이제 우리는 동양과 서양의 감각이 자연스럽게 교차되는 시대에 살고 있습니다.
　동양의 사람들은 점점 자기 감정과 개성을 표현하는 보석을 찾고 있고, 서양의 사람들은 보석이 지닌 정서적 상징성과 위로의 기능에 주목하기 시작했습니다. 보석은 더 이상 단지 아름다움을 소비하는 것이 아니라, 감정을 해석하고, 자신을 표현하며, 관계를 기억하는 방식으로 변화하고 있습니다. 같은 보석이라도 그것을 대하는 감정은 사람마다, 문화마다 다르게 반응합니다. 어떤 이는 그것을 스스로를 드러내는 빛으로 삼고, 어떤 이는 오래 간직하고 싶은 기억의 무게로 여깁니다. 보석은 말 없이 감정을 품고, 시대와 마음의 결을 따라 다양한 의미로 살아갑니다.

　그리고 아마도, 그 다양한 의미 속에 우리가 아직 말로 다 하지 못한 감정의 조각들이 반짝이고 있을지도 모릅니다.

Tempting darkness of night. ⓒ김주연 디자이너

4 진짜 보석은 언제 태어나는가

보석을 고를 때 우리는 종종 타인의 시선을 먼저 떠올립니다.
친구들이 예쁘다고 생각할지, 이 자리에 어울릴지, 혹시 과하지는 않을지.
이처럼 타인의 시선은 우리의 선택에 영향을 미치고, 어떤 보석은 보여주기 위한 물건으로 여겨지기도 합니다. 하지만 보석의 본질은 외형을 꾸미는 장식이 아니라, 내면의 감정과 정체성을 비추는 사물이라는 점에서 출발해야 합니다.

진짜 보석은 잘 보이기 위해 선택되는 것이 아니라, 어느 누구에게 보이지 않아도 자연스럽게 손이 가는 그 순간에 탄생합니다. 매일 꺼내게 되는 반지, 오래된 펜던트, 특별하지 않은 날에도 무심히 착용하게 되는 귀걸이와 같은 보석들은 타인의 시선을 의식해서가 아니라, 나에게 익숙하고 편안하기 때문에 함께하게 됩니다. 그것은 나를 위한 상징이자, 일상 속에서 자신을 확인하는 물리적인 통로가 됩니다.
보석은 감정을 드러내는 매개이자, 감정을 정돈하는 장치입니다. 우울한 날에는 부드러운 색감이 위로가 되고, 자신감을 되찾고 싶을 때는 묵직한 금속의 감촉이 힘이 됩니다. 중요한 날 꺼내는 목걸이는 자존감을 회복하는 의식이 되고, 오래된 반지는 지난 시간을 견뎌온 자신에 대한 존중이 됩니다. 보석은 이렇게 정서의 상태와 일상의 감각을 연결시키는 감정의 물질화입니다.

보석의 진짜 가치는 사회적 맥락이 아니라, 개인의 내면에서 출발합니다. 그것은 과시가 아니라, 내가 나를 어떻게 대하고 싶은지를 보여주는 선택입니다. 외부의 인정을 기대하지 않아도, 보석은 스스로를 이해하고 다독이는 조용한 언어가 될 수 있습니다. 나를 닮은 무늬, 나의 시간을 품은 무게, 그리고 나만 아는 이유로 선택한 형태. 이것은 타인을 위한 메시지가 아니라, 내 삶을 정리하는 방식이며 나를 향한 존중입니다.

그래서 보석은 결국, 나를 위한 것입니다. 그 반짝임은 나를 잊지 않기 위한 반복이고, 나를 이해하기 위한 기록이며, 내 감정을 기억 속에 남기기 위한 조용한 형식입니다. 보석은 나를 꾸미기보다, 나를 바라보는 작은 의식입니다.

새롭게 태어나다 디디다. ⓒ김선희 디자이너

5 존재하지 않았던 '가치'는 어떻게 생기는가

처음엔 저도 그랬습니다.
보석은 비쌀수록 좋고, 유명한 브랜드여야 믿을 수 있으며, 커야 하고, 반짝여야 하고, 눈에 띄어야 가치 있다고 생각했습니다.
하지만 어느 날, 오래된 작은 반지 하나, 색이 바랜 진주 한 알, 누군가의 손에서 손으로 전해진 목걸이 하나를 마주했을 때, 알게 되었습니다. 보석의 진짜 가치는 숫자가 아니라, 그 안에 담긴 마음이라는 것을요.

가격이 아니라 감정으로 무게를 재게 되는 순간이 있습니다.
백화점의 고가 반지보다 오래된 가족의 유품에 더 자주 손이 가는 이유는 그 안에 엄마의 웃음, 아버지의 온기, 어린 시절의 소중한 시간이 고스란히 스며 있기 때문입니다.
그제야 비로소 깨달았습니다.
보석이란, 감정이 쌓인 시간의 결정체라는 것을.

화려하지 않아도, 멋진 디자인이 아니어도, 나의 성향과 감정을 가장 잘 표현해주는 하나의 보석. 그 보석은 단순한 장신구를 넘어, "이게 나야"라고 말해주는 조용한 선언이 됩니다.
"나는 내 마음이 편안해지는 보석을 고를 줄 아는 사람이구나."
그 깨달음에서 시작된 선택은 더 이상 남을 위한 보석이 아닌, 나만의 가치를 담는 보석이 됩니다.

그리고 보석은, 전할 수 있다는 점에서 더욱 깊어집니다.
사랑하는 이에게 건네고, 다음 세대에게 물려주며, 기억과 마음을 담아 이어줄 수 있다는 것.
그 경험이 보석을 단순한 소유에서, 의미 있는 연결로 바꾸는 힘이 됩니다.
진정한 가치는 끝나는 물건이 아니라, 이어지는 감정 속에 있었습니다.

이제 나는 보석을 고를 때, 가격표보다 먼저 그 안에 담길 마음을 떠올립니다.

위시 각인 반지. ©Verato Jewelry

6 스스로에게 주는 첫 선물

처음 보석을 받았던 순간을 기억하시나요?

반짝이는 그것은 꼭 값비싼 것도, 화려한 것도 아니었을지 모릅니다.
누군가에게는 작고 소박한 물건이었겠지만, 그 작은 반짝임 하나가 마음 깊은 곳을 건드린 기억은 분명히 남아 있을 것입니다.
처음 손바닥 위로 올려졌던 반지, 조심스레 스스로에게 선물한 귀걸이 한 쌍.
그것은 단순한 장신구가 아니라, 처음으로 나를 인정한 순간의 조용한 상징이었습니다.

그때의 보석은 자존감을 일깨우는 열쇠였습니다.
누군가의 손에서 전해진 것이든, 내 손으로 고른 것이든, 우리는 그 보석을 통해 내 안의 가치가 실체를 가지는 경험을 합니다.

생일에 받은 첫 귀걸이, 졸업식 날 건네 받은 목걸이, 첫 월급으로 산 반지 하나.
그 반짝임은 누가 알아보지 않아도 괜찮았습니다.
그것은 내가 나를 소중히 여겼던 첫 번째 기록이었기 때문입니다.

처음의 선택은 나다움을 찾아가는 시작이기도 했습니다.
어떤 색이 나를 닮았는지, 어떤 형태가 내 감정과 어울리는지를 고민하는 일은 단순한 쇼핑이 아니라 하나의 자기 탐색이었습니다.
처음 거울 앞에 서서 "이건 나 같아"라고 느꼈던 그 감정은, 외부의 시선보다 내 안의 목소리를 더 크게 듣게 해주었습니다.
그건 내가 나라는 존재를 처음으로 자각한 순간이기도 했습니다.

누군가에게 받은 첫 보석은 관계의 깊이를 처음 깨닫게 한 선물이기도 했습니다.
그 반지는 고백이었고, 믿음이었고, 조용한 응원이었습니다.
"고마워", "사랑해", "너라서 좋아"
말로는 어색하거나 부족했던 감정이 그 반짝임 속에 담겼고,
그 보석을 볼 때마다 그 사람이 내 곁에 있었던 시간을 떠올릴 수 있었습니다.
보석은 그렇게 감정을 담고 관계를 기억하게 해주는 조용한 기록이 되었습니다.

시간이 흐른 뒤에도, 첫 보석은 그때의 나를 다시 꺼내 보여줍니다.
유행은 지났고, 금속은 닳았을지언정 감정은 희미해지지 않았습니다.
그 반지는 여전히 처음의 설렘을 간직한 채, 그날의 다짐과 눈빛을 되살려 줍니다.
마치 작고 단단한 감정의 타임캡슐처럼요.

그 첫 보석은 나에게 이렇게 말해주었습니다.
"너는 소중한 사람이고, 그 감정을 오래 기억해도 괜찮아."
그건 단순한 장신구가 아니라, 내가 나를 처음으로 사랑하게 된 순간의 형상이자, 삶의 가치를 비추는 가장 작은 거울이었습니다.

그래서 사람들은 첫 보석을 잊지 못합니다.
그 반짝임은 단지 빛나는 장식이 아니라,

나를 처음으로 알아본 가장 조용하고도 강한 감정의 시작점이기 때문입니다. 그 마음이 바로 나만의 보석을 만들고, 나만의 가치를 만들어주는 시작이 되기 때문입니다.

빛의 환희, ⓒ이우나 디자이너

Amethyst Bouquet. ⓒ제마트

7 들꽃 반지와 첫 여행의 기억

여자 친구와의 첫 여행지에서, 들판 한가운데서 작은 들꽃으로 꽃반지를 만들어 그녀의 손가락에 살며시 끼워준 적이 있습니다. 그 반지는 금도 아니고, 다이아몬드도 아니었습니다. 하지만 그녀는 말없이 웃으며 그 반지를 오래 바라보았고, 마치 시간마저 꽃잎처럼 조용히 멈춘 듯했습니다.

그것은 단순한 반지가 아니었습니다.
우리는 흔히 반지에 값 비싼 보석이 세팅되어 있거나 귀한 금속으로 만들어져야만 의미 있다고 여기곤 합니다. 그날 들꽃으로 만든 반지는 하루도 가지 않았습니다. 금세 시들었고, 형태도 변했습니다. 그런데도 그 반지가 남긴 감정은 여전히 제 마음속에 선명히 살아 있습니다.

그 반지는 사랑을 표현하기 위한 감정의 표현이었습니다. 감정을 자연물에 투영해 만든 즉흥적인 형상이자, 마음의 온도를 담은 짧은 기록이었습니다. 생텍쥐페리가 『어린 왕자Le Petit Prince, 1943』에서 말한 "가장 중요한 것은 눈에 보이지 않는다."는 그 말처럼, 들꽃 반지는 눈앞의 사라짐보다 마음에 남은 감정으로 오래 존재했습니다.

우리가 살아가며 주고받는 선물 중 가장 오래 남는 것은 무엇일까요?
값비싼 보석일 수도 있지만, 때로는 함께 웃었던 순간, 바람에 흔들리던 들꽃, 그리고 그 들꽃 반지를 끼워주던 손길일 수 있습니다.

반지는 사랑의 상징입니다. 그러나 그 상징의 힘은 형태보다, 그 안에 담긴 마음에서 비롯됩니다. 들꽃 반지는 인문학적으로 보았을 때, 물질을 초월한 감정의 상징물입니다.
우리는 사랑할 때 무엇을 주느냐 보다, 어떻게 의미를 만들어 가느냐를 통해 감정을 전합니다. 그리고 바로 그런 순간들이, 삶의 아름다움과 인간다움의 본질을 다시 떠올리게 해줍니다.

모닝듀2(M6) 반지. ©GOLDEN DEW

8 프로포즈는 왜 반지여야 했을까

사랑을 고백하는 방식은 시대마다 달랐습니다.

편지를 건네던 시절이 있었고, 꽃다발에 마음을 담던 때도 있었죠. 요즘은 영상이나 SNS, 깜짝 이벤트로 마음을 표현하기도 합니다.

그런데 그렇게 다양한 방식 중에서도, 가장 조용하면서도 강하게 사랑을 전하는 방식은 여전히 하나, 반지를 건네는 것입니다.

왜 반지일까요?

무엇보다 그 모양에 답이 있습니다.

시작도 끝도 없는 원형. 반지의 형태는 영원함, 순환, 완전함을 상징합니다. 이 단순한 도형은 말로는 다 표현할 수 없는 지속되는 사랑을 시각화한 언어입니다. 반지를 건넨다는 행위는 단지 선물을 주는 것이 아니라, 그 사람의 삶 한가운데, 매일 손이 닿는 자리에 사랑과 다짐을 남기는 일입니다.

　프로포즈는 감정의 폭발이지만, 그 안에는 책임과 시간에 대한 약속이 들어 있습니다. "사랑해"라는 감정을 넘어서, "이 마음을 앞으로도 지켜가겠다"는 관계에 대한 의지가 담긴 말 없는 선언입니다. 그래서 반지는 사랑이 현재에만 머무르지 않고, 미래로 이어지는 약속이 됩니다.

　매일의 삶 속에서, 그 반지는 조용히 말을 겁니다. 어제의 다툼을 용서하고, 오늘의 사랑을 확인하고, 내일의 다짐을 다시 품게 해줍니다. 사진은 바래고 말은 잊혀지지만, 반지는 그 반짝임 그대로 남습니다. 빛이 닳고 흠집이 생겨도, 오히려 그 모든 흔적은 함께한 시간의 무게를 담은 사랑의 깊이가 됩니다.

　그리고 어떤 날엔, 그 반지를 바라보며 조용히 되뇌게 됩니다.

　"우리는 서로를 선택했다. 그날, 그 반지와 함께!"

　그래서 사람들은 오늘도 반지를 고릅니다. 사랑을 가장 오래 기억하게 해 줄 작고 단단한 방식으로, 지금 이 마음과 앞으로의 계절들을 하나의 형상으로 남기기 위해서.

　반지는 말보다 오래 남고, 기억보다 깊게 스며듭니다.
　그리고 그 조용한 고백은, 여전히 누군가의 손끝에서 시작되고 있습니다.

순금 아기 띠 돌반지. ©Verato Jewelry

9 부모가 아이에게 건네는 첫 보석

아이가 인생에서 처음 받는 보석. 그것은 단순한 장신구가 아니라, 부모가 아이에게 전하는 가장 조용하고도 깊은 마음의 표현입니다.

작은 손가락에 끼우는 탄생석 반지, 돌잡이 상에 올려진 금반지, 아이 팔목의 조그마한 팔찌, 이름이 새겨진 목걸이. 이 모든 보석은 단지 금속이나 광물의 조합이 아닙니다. 그 안에는 아이를 향한 기도, 축복, 다짐이 담겨 있습니다.
"무탈하게 자라주기를."
"좋은 사람들과 인연을 맺기를."
"언제 어디서든 너를 생각하고 있단다."

부모는 그런 마음을 글로 다 적지도, 말로 다 설명하지도 않습니다. 대신 반지 하나에 꾹 눌러 담아 아이에게 전합니다.

그 반지는 아이가 기억하지 못해도 괜찮습니다.
왜냐하면 그것은 그날 부모의 마음을 눈에 보이는 형태로 새긴 것이고, 시간이 흘러도 그 마음은 지워지지 않기 때문입니다.

세월이 지나 아이가 성장한 뒤, 서랍 속에 소중히 보관하던 반지를 다시 꺼내게 되는 날이 옵니다.
어릴 적 사진 속에서 그 반지를 낀 자신의 모습을 발견할 수도 있고, 부모가 조용히 그 보석을 다시 건네며 말을 꺼낼 수도 있습니다.
"이건 네가 태어나기 전부터 준비했던 선물이야."
그제야 아이는 비로소 이해하게 됩니다.
당시에는 알 수 없었던 사랑의 깊이, 기억하지 못하는 따뜻한 시작.

그 보석은 부모가 아이의 삶에 남기고 간 첫번째 다정한 흔적입니다.
아이에게는 시간이 지나서야 비로소 와닿는 진심이고, 부모에게는 자식을 지켜보는 평생의 마음이 깃든 상징입니다.

그리고 어쩌면 언젠가, 그 아이도 또 누군가에게 작은 반지를 건네며 같은 마음을 전할지도 모릅니다.
이렇게 보석은 사랑을 이어주는 매개가 되고, 기억을 물려주는 다리가 됩니다.

작지만 확실한 사랑의 증거. 그것이 바로 부모가 아이에게 건네는 첫 보석입니다.
형태는 작아도, 마음은 깊고 오래 남습니다. 그 반짝임은 아이의 기억 속에, 그리고 부모의 마음 속에 끝없이 살아 있습니다.

선물. ⓒ이재홍 디자이너

10 반지는 고백이 되고, 목걸이는 위로가 된다

한때 보석은 '어떤 옷에 어울릴까?, 얼마나 화려할까?, 누가 봐줄까?'를 기준으로 선택되었습니다. 하지만 최근에는 보석이 단순한 스타일링의 마침표를 넘어, 착용자의 기분이나 감정, 내면의 상태를 표현하는 수단으로 인식되는 흐름이 확산되고 있습니다.

나의 감정을 다독이고 중심을 붙잡기 위한 감정 중심의 소비는, 보석을 자기 자신에게 묻는 행위로 바뀌었습니다.

"오늘의 나는 어떤가요?"
"지쳤나요?, 설레나요?, 단단해지고 싶나요?"

이제 우리는 그런 감정에 따라 작은 반지 하나, 가볍게 흔들리는 펜던트를 선택합니다. 그것은 누군가를 위한 꾸밈이 아니라, 지금의 나를 정직하게 들여다보고 표현하기 위한 선택입니다.

아침에 옷을 고르기보다 먼저 반지를 만지작거리며 마음을 정리하는 사람들, 화려한 귀걸이 대신 위로가 필요한 날엔 부드러운 진주 귀걸이를 택하는 손길. 이런 작은 행동들은 단순한 스타일링이 아니라, 하루를 살아내기 위한 심리적 의식입니다.

보석은 그렇게 속삭입니다.
"오늘도 너의 마음은 소중해."

명화 속 비너스가 거울을 통해 관람자의 시선을 의식했다면, 오늘날 우리는 그 거울을 타인이 아닌 나 자신에게 돌리고 있습니다. 보석은 이제 남에게 보이기 위한 장식이 아니라, 내 감정을 확인하고 다독이는 정직한 장치가 되었습니다. 나는 거울을 통해 나를 보기 위해 보석을 고르고, 그날의 나를 위해 그 반지를 낍니다.

감정을 중시하는 시대의 보석은 표현이자 해석입니다.
지금 내가 어떤 기분인지 보여주고, 때로는 말하지 않아도 누군가와 감정을 교감할 수 있는 언어 없는 메시지가 됩니다. 날카로운 디자인은 결심과 의지를, 유려한 곡선은 유연함과 수용성을, 따뜻한 색감의 원석은 안정과 온기를 말해줍니다.

오늘날 보석은 나를 설명하기보다, 나를 느끼게 하는 것입니다. 매년 달라지는 트렌드 컬러와 스타일보다, 그 보석을 선택했던 날의 마음, 그 반지를 끼고 들었던 말, 그 목걸이를 하고 맞이했던 계절의 공기는 더 선명하게 기억됩니다. 그래서 사람들은 이제 브랜드보다 스토리를, 스타일보다는 의미를, 트렌드보다는 감정의 무게를 따집니다.

"이건 그날의 나를 위해 고른거야."

그 기억은 옷보다 오래 남고, 마음에 더 깊이 스며듭니다. 그날의 기분에 따라 반짝이고, 내면의 흐름에 따라 형태가 바뀌며, 나의 감정을 조용히 비추는 거울이 됩니다.
그리고 우리는 매일 이렇게 고백합니다. "나는 오늘도 나를 위해 이 보석을 고른다." 그것은 단지 아름답기 때문이 아니라, 지금의 나를 정직하게 이해하고 싶기 때문입니다.

기억. ⓒ강가람 기능장

11 기억이 덧씌워진 물건의 무게

숫자로는 환산할 수 없는 무게가 있습니다.
그건 기억과 감정, 그리고 시간이 만들어낸 무게입니다. 불확실성이 커진 시대, 사람들은 수익률보다 지속성을, 추상적 수치보다 손끝에 닿는 무언가를 찾기 시작했습니다. 그러면서 반짝이는 물건을 향한 시선도 달라졌습니다. 오래된 반지 하나, 유산으로 내려온 목걸이 한 줄, 투박한 돌멩이 하나가 다시 주목 받습니다.

금이나 다이아몬드는 오랫동안 소재의 안정성과 아름다움, 쉽게 변하지 않는 성질로 인해 높은 가치를 인정받아왔습니다.
하지만 그것만으로는 설명되지 않는 세계가 있습니다. 한 보석이 어떤 손을 거쳐 왔는지, 언제 어떤 이유로 선택되었는지, 누구의 이야기를 품고 있는지에 따라 그 가치는 완전히 달라집니다. 숫자보다 마음이, 소재보다 기억이 그 물건의 진짜 무게를 만들어 냅니다.

사람들이 바라는 건 단순한 실체가 아닙니다.
진짜 원하는 건 머무를 수 있는 감정입니다. 주가는 오르내리고, 환율은 하루에도 수차례 바뀌지만, 어떤 반지는 백 년 넘게 한 집안의 손끝에서 시간과 이야기를 품고 있습니다. 가족의 이별과 만남, 성장과 사랑이 고스란히 담긴 그 보석에는 가격표로는 가늠할 수 없는 마음의 무게가 남아 있습니다. 보석은 그런 기억을 저장하는 매체이기도 합니다.

이런 물건은 금고 속에서 잠들어있지 않습니다.
기념일에 꺼내 손끝에 끼워지고, 중요한 날 조용히 목에 걸립니다. 시간이 흐를수록 닳기는커녕, 오히려 더 깊은 빛을 머금게 됩니다. 보석은 언제든 현금화할 수 있지만, 사람들은 그 가능성보다 그 안에 담긴 감정에 더 오래 머뭅니다. 사용할 수 있고, 간직할 수 있으며, 물려줄 수 있는 자산. 이중적인 쓰임이야말로 보석이 지닌 특별함입니다.

재산이란 단순히 숫자를 쌓는 일이 아니라, 무엇을 남기고 싶은가에 대한 선택일 수 있습니다.
어떤 이는 수익률을 따지고, 어떤 이는 이야기를 남깁니다. 감정을 담고, 정체성을 표현하고, 한 사람의 인생을 다음 세대로 건네주는 것. 그런 물건은 흔하지 않습니다. 그래서 반짝이는 것들 중 어떤 것은 시간이 흐를수록 더 깊은 빛을 지닙니다.

인문학에서는 이렇게 말합니다.
"물건에 이야기가 덧씌워지면, 그것은 더 이상 사물이 아니라 상징물이 된다."

예쁘기만 한 장식은 쉽게 잊힙니다. 하지만
기억이 덧씌워진 물건은 오랫동안 남습니다.
그 안에는 누군가의 마음, 지키고 싶은 약속,
되돌아보고 싶은 시간이 함께 살아 있습니다.

Locket pendant Onyx bezel setting NK. ⓒ박성섭 작가

장수(長壽). ⓒ이호철 교수

12 도둑도 안 가져가는 유품

부모님이 남기신 낡은 안경, 오래된 손목시계, 닳아버린 지갑, 흐릿하게 바랜 흑백 사진. 이런 물건들은 시장에 내놓아도 값을 매기기 어렵고, 도둑도 굳이 가져가려 하지 않습니다. 겉보기엔 쓸모 없는 낡은 물건에 불과하니까요.

그런데도 우리는 그 유품 하나를 손에 쥐고, 한참 동안 내려놓지 못합니다. 꺼내어 바라보는 것만으로도 눈시울이 뜨거워지고, 마음 한 켠이 이상하게 따뜻해집니다.

왜일까요?

"가치는 가격이 아니라, 의미와 관계에서 나온다."

인문학적으로 보자면, 물건의 시장 가치나 희귀성보다 더 중요한 것은 그것이 나와 맺고 있는 기억의 밀도입니다. 그 안에 스며든 감정과 시간, 함께한 역사가 그 물건의 진짜 가치를 만들어냅니다.

세상은 그것을 낡은 쓰레기처럼 여길 수 있지만, 나에게는 삶의 한 조각이고, 마음 깊은 곳에 있는 존재의 증거입니다.

예를 들어, 어머니가 늘 사용하시던 작은 바느질 상자를 떠올려 봅니다. 그 안에는 낡은 실타래, 바늘 몇 개, 단추 몇 알밖에 없지만, 그 속엔 어머니의 손끝과 눈빛, 그리고 가족을 향한 수십 년의 사랑이 고스란히 담겨 있습니다.

그 상자를 열면, 익숙한 냄새와 촉감이 먼저 다가옵니다. 어릴 적 바지를 꿰매주시던 장면이 불쑥 떠오르기도 하지요.

도둑은 그것을 무의미한 잡동사니라 여길지 몰라도, 나에게는 그 상자가 하나의 박물관입니다.

작고 초라해 보일지 몰라도, 그 안에는 나의 역사와 사랑의 흔적이 고스란히 남아 있습니다.

유품은 그래서 물건이 아니라 기억입니다.

나만의 박물관, 감정의 보관함 그리고 시간과 마음을 잇는 조용한 다리. 누구에게는 보잘것없는 것이지만, 어떤 이에게는 인생 전체를 증명하는 조각이 되기도 합니다.

그 물건은 거래될 수도, 복제될 수도 없습니다. 세상 모두가 잊는다 해도, 내가 기억하는 한 그 존재는 여전히 살아 있습니다.

인문학은 이런 유품을 과거의 잔재가 아니라, 인간 존재의 정체성과 기억을 되짚는 도구로 봅니다. 작고 오래된 물건 하나에도 나의 시간, 우리의 삶, 사라지지 않은 사랑이 숨 쉬고 있기 때문입니다.

유품은 과거의 끝이 아니라, 지금의 나를 감싸고 미래로 이어지는 조용한 다리입니다.

말하지 않아도 전해지는 감정의 언어이고, 잊지 않겠다는 다짐보다 더 오래가는 마음의 증거입니다.

베이직 담수진주 귀걸이. ©Dorocy Jewelry

13 착용의 일상성, 감정의 반복적 복원

매일 아침, 그녀는 같은 귀걸이를 착용합니다.
작고 단정한 진주 귀걸이. 특별한 장식 없이 조용히 빛나는 그것은 화려하진 않지만, 늘 그녀의 하루를 시작하는 작은 의식이 되었습니다.
어머니가 사회생활을 시작하던 딸에게 "너답게 빛나기를 바란다"는 말과 함께 건넨 선물. 그때는 단순한 격려로 여겼지만, 시간이 흐르며 그 말의 무게는 점점 달라졌습니다.

발표가 있는 회의를 앞둔 긴장된 날에도, 혼자 견뎌야 할 시간이 많은 날에도, 그녀는 늘 그 귀걸이를 선택합니다. 그 반짝임은 단지 꾸밈이 아니라 스스로에게 속삭이는 말입니다.
"오늘도 잘할 수 있어."
귀에 걸린 작은 빛 하나가 마음을 붙잡아주고, 자신을 잊지 않게 도와줍니다.

보석은 이처럼 일상 속 감정을 조용히 지지합니다. 흐르고 사라지는 대부분의 물건들과 달리, 보석은 시간이 지나도 여전히 자리를 지키며, 어떤 순간을 다시 떠올리게 합니다. 그 안에는 주고받던 시점의 감정과 결심, 망설임과 다짐이 고스란히 남아 있습니다. 그래서 보석은 단순한 장신구를 넘어, 감정을 담아내는 기억의 매개가 됩니다.

또 다른 이는, 오랜 시간 간직해온 금 팔찌를 꺼냅니다.
어릴 적 외할머니가 "너 이거 꼭 간직해" 하며 손목에 채워주신 그 팔찌.
시간이 흐르며 색은 조금 바랬지만, 고리에 걸린 마음만큼은 여전히 선명합니다. 중요한 날이면 그는 조심스럽게 그 팔찌를 다시 채웁니다. 손끝에 닿는 감각은 단순한 금속이 아니라, 세월을 통과한 사랑입니다.

보석은 관계를 이어주는 방식으로도 작동합니다. 한 사람의 손에서 다른 사람의 손으로 건너가는 순간, 보석은 감정을 잃지 않고 전해집니다. 누군가의 선택은 다음 세대에게는 기억이 되고, 그 기억은 다시 또 다른 의미가 됩니다.
물려준다는 행위는 소유권의 이전이 아니라 마음의 연속이며, 그래서 보석은 시간이 축적된 감정의 저장장치가 됩니다.

그래서 사람들은 여전히 보석을 선택합니다.
기억을 불러내기 위해, 스스로에게 말을 걸기 위해, 그리고 지금의 나를 잊지 않기 위해.
팔찌를 채우는 손끝, 귀걸이를 다는 동작. 그 반복되는 일상 속에 담긴 감정은 단순한 습관이 아니라, 마음을 복원하는 조용한 방식입니다. 형태는 작고 흔할지 몰라도, 그 안에 담긴 감정만큼은 결코 작지 않습니다.

Special Features | 가치란 무엇으로 만들어지는가?

백자 달항아리, 조선 후기(18세기 후반). 메트로폴리탄 미술관 소장.
Photo: The Metropolitan Museum of Art. © Open Access, Public Domain

14 달항아리의 탄생

자연과 인간의 완벽한 조화와 균형

보석을 바라볼 때, 단순히 빛나고 화려한 장식품이라고만 생각하기 쉽습니다. 하지만 저는 여러분께 달항아리를 예로 들어 보석의 진정한 가치를 이야기하고 싶습니다.
  달항아리는 단순한 도자기가 아닙니다. 좋은 흙을 찾아 전국을 떠도는 장인의 발길,

흙을 고르고 정성껏 손으로 빚는 과정, 적절한 땔감과 가마, 그리고 온도와 습도 같은 자연의 조건까지 모두 맞아야 비로소 그 부드러운 곡선과 은은한 빛을 가진 작품으로 완성됩니다. 한 가지 요소라도 어긋나면 달항아리는 결코 완전한 아름다움을 갖출 수 없습니다. 그 과정에서 생기는 미묘한 차이와 자연스러운 흔적은 달항아리를 단 하나뿐인 특별한 작품으로 만들어 줍니다.

보석도 마찬가지입니다. 지하 깊은 곳에서 수백만 년, 때로는 수억 년 동안 형성된 원석은 자연의 힘과 시간 속에서 고유한 색과 광채를 얻습니다. 이후 디자이너와 장인의 세심한 손길을 거쳐 컷팅과 세공이 이루어질 때, 보석은 비로소 그 진정한 빛을 발하게 됩니다. 원석 자체의 색과 투명도, 컷팅 각도 하나하나가 다른 보석과는 비교할 수 없는 독특한 가치를 만들어내는 것입니다.

하지만 보석의 진정한 매력은 단순한 물리적 아름다움에만 있지 않습니다. 보석은 사랑과 감사, 약속을 전하는 감정의 매개체이자, 세대를 이어주는 상징과 기억이 될 수 있습니다. 우리가 보석을 소유하고, 착용하며, 누군가에게 선물할 때, 우리는 단순히 장신구를 나누는 것이 아니라 우리의 이야기와 감정을 함께 전하고 있는 셈입니다.

달항아리가 장인과 자연이 함께 만들어낸 시간과 노력을 담아내듯, 보석 역시 자연의 시간과 장인의 손길, 그리고 사람과 사회가 부여하는 의미가 합쳐져야 완전한 가치를 지니게 됩니다. 그 안에 담긴 희소성과 의미, 상징적 가치를 이해하고 바르게 누릴 때, 보석은 단순한 장식품을 넘어 삶과 감정을 담는 빛나는 동반자가 됩니다.

그래서 저는 여러분께 말씀드리고 싶습니다. 보석을 선택할 때는 단순한 가격이나 브랜드만 보지 마세요. 보석이 가진 시간과 이야기, 의미와 희소성을 이해할 때, 비로소 세상에 하나뿐인 특별한 빛을 발하며 여러분의 삶을 더욱 풍요롭게 만들어 줄 것입니다.

김성기의
인문학으로 읽는
보석

Cupid. ⓒ우하나 디자이너

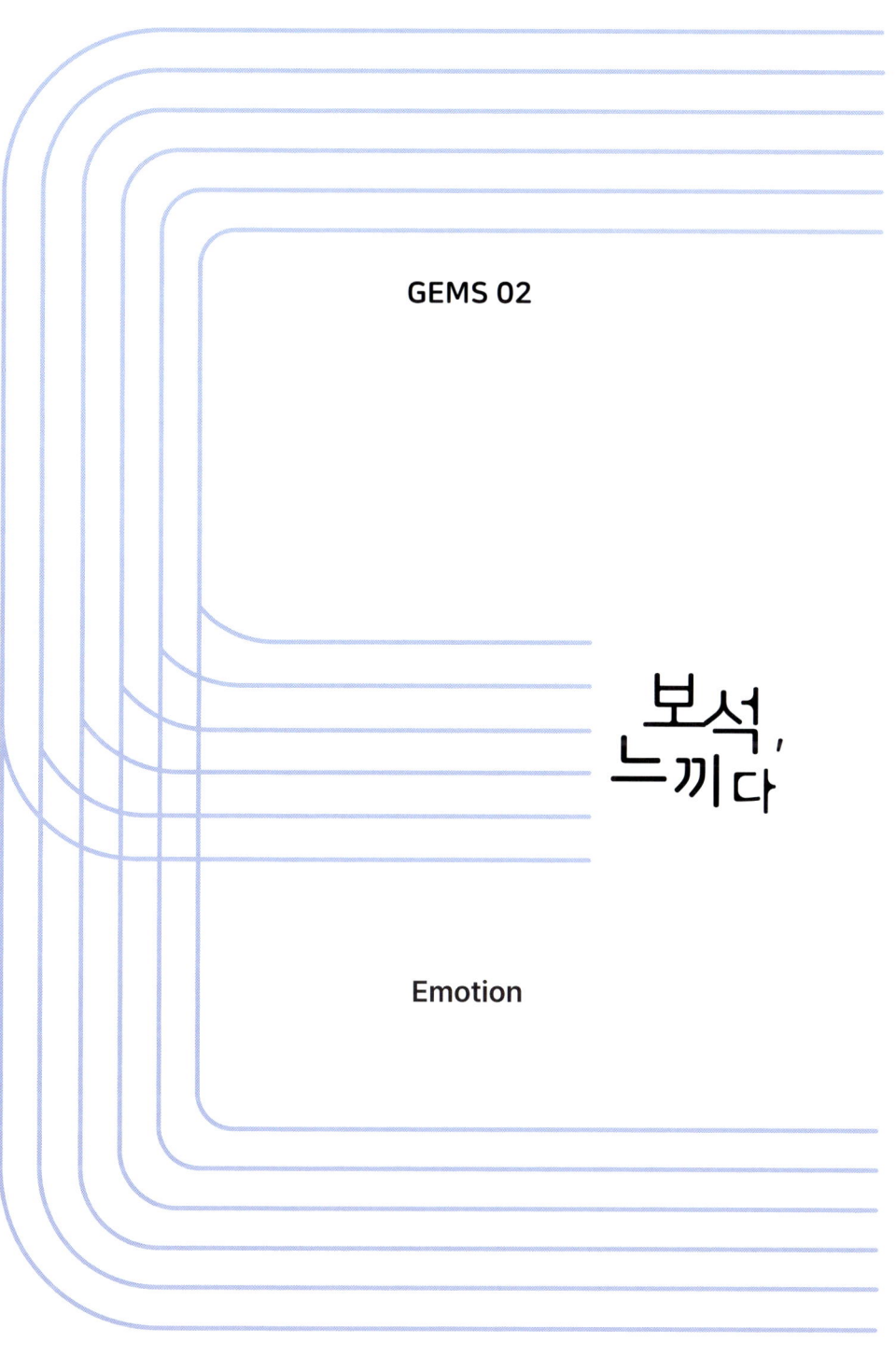

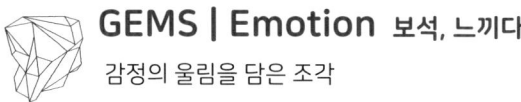

GEMS | Emotion 보석, 느끼다
감정의 울림을 담은 조각

1 마음을 닮은 첫 언어, 보석

보석은 오랫동안 단지 물질적인 장식품으로 여겨져 왔습니다.
하지만 인류가 그것을 선택하고, 몸에 두르고, 나눠 온 방식을 되짚어 보면, 보석은 감정과 관계를 전하는 조용하지만 강한 수단이었습니다.

감정을 말로 담아내기 어려울 때에는 보석이 표현을 대신했습니다. 사람들은 사랑, 존경, 사과, 감사, 애도 같은 마음을 표현하기 위해 형태 있는 상징을 선택했습니다. 예를 들어 반지는 함께하자는 약속의 표시이고 목걸이는 감정의 연결을, 귀걸이는 조용한 응원의 마음을 의미했습니다.

왕관은 고대 이집트와 유럽에서 권력과 신성함을 상징했고, 중세의 성직자들은 십자가의 보석 장식을 통해 신앙심을 드러냈습니다. 또한 전쟁터로 떠나는 남편에게 아내가 착용하던 펜던트를 건네며 무사귀환을 기원한 일화도 전해 내려옵니다.

이처럼 보석은 시대마다 감정과 신념, 소망을 담아내는 도구였습니다.

오늘날에도 우리는 중요한 순간마다 보석을 꺼냅니다. 프로포즈 반지는 함께하겠다는 약속이며, 돌 반지는 존재 자체에 대한 축복입니다. 누군가는 "당신이 떠올라서"라는 말과 함께 선물하고, 또 다른 이는 스스로를 응원하기 위해 작은 반짝임을 고릅니다. 보석은 감정을 담는 그릇이고 관계를 맺는 징표가 되어 사랑보다 오래 남고 사과보다 더 깊이 전해집니다. 그렇게 시간이 흘러가며 그때의 마음을 조용히 기억하게 합니다.

그래서 우리가 어떤 보석을 선택하는가는 어떤 감정을 전하고 싶은가와 맞닿아 있습니다. 형태와 질감을 지닌 이 반짝임은 시간이 지나도 사라지지 않습니다. 보석은 침묵 속에서 마음을 대신 전하는 태도이고 꾸밈이 아닌 진심으로 남아 삶의 중요한 순간들을 기억하게 하는 방식이 됩니다.

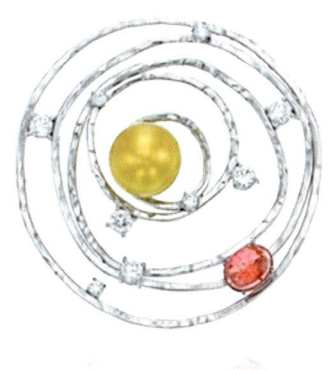

우주의 보석. ⓒ최덕문 작가

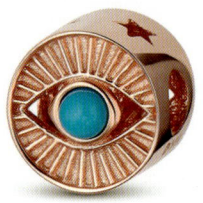

마이 시그니처 이블아이 참 펜던트. ©Dorocy Jewelry

2 그 반짝임에 마음이 먼저 움직였다

보석은 반짝입니다. 하지만 찬란함 뒤에는 오래된 욕망이, 영롱함 속에는 인간의 불안이 깃들어 있습니다. 눈에 보이는 것은 껍질일 뿐, 보석은 우리 내면의 진실을 비추는 거울이기도 합니다.

오래 전 사람들에게 보석은 단순한 장신구가 아닌, 간절한 염원의 상징이었습니다. 타이거즈 아이 Tiger's eye는 악한 눈으로부터 생명을 보호해 준다고 여겨졌고 라피스 라줄리 Lapis lazuli는 신의 뜻을 사람에게 전하는 돌로 간주되었으며, 터키석 Turquoise은 여행자의 안전을 지켜주는 부적으로 사용되었습니다. 그들이 보석을 손에 쥐고, 몸에 걸고, 주머니에 넣고, 신전이나 무덤에 함께 묻은 이유는 단순히 예뻐서가 아니었습니다. 그 시대의 사람들은 질병, 기근, 전쟁, 죽음 같은 설명할 수 없는 두려움과 함께 살아갔고, 보석은 그런 불안 앞에서 자신을 지키고 싶은 마음이 만들어낸 구체적인 믿음의 도구였습니다.

지금은 과학과 기술이 발달한 시대지만, 불안은 형태만 바꾸어 여전히 우리 곁에 존재합니다. 미래에 대한 두려움, 관계의 불확실성, 나 자신에 대한 의심, 그리고 사회 속에서 느끼는 외로움 등 우리는 여전히 마음 어딘가에서 나를 다독이고 지켜줄 무언가를 찾습니다.

그럴 때 보석은 다시 말을 겁니다.

"나를 손에 쥐면, 너 자신을 다시 믿을 수 있을 거야."
"나와 함께 하면, 다시 용기를 낼 수 있을 거야."

동시에 보석은 인간의 욕망도 함께 조명합니다. 더 강한 힘, 더 높은 자리, 더 깊은 사랑, 더 눈부신 존재가 되기를 원했던 인간은 왕관에는 다이아몬드를, 결혼반지에는 사파이어를, 첫 월급으로는 자신에게 어울리는 목걸이를 선물하기도 했습니다. 이 모든 행동은 "나는 귀중한 사람이다", "이 사랑은 특별하다", "이 순간을 기억하고 싶다"는 조용하지만 분명한 마음의 표현이었습니다.

다가가지 못하는 길목. ⓒ이우나 디자이너

3 보석, 눈에 보이는 기도

보석은 인간이 믿음과 염원을 새겨 넣은 주술의 매개물이기도 했습니다. 단단하고 반짝이는 이 작은 돌은 불안을 다스리고 삶을 지탱하는 감정의 버팀목이었습니다. 지금의 눈으로 보면 다소 비과학적으로 느껴질 수도 있겠지만, 과거 사람들에게 보석은 단순한 미신이 아닌, 생존과 존재를 지키려는 신념의 결정체였습니다.

우리는 종교 이전의 시대부터 두려움 앞에 상징을 만들고, 그 상징에 신성함을 부여해왔습니다. 보석은 그러한 상징 가운데서도 가장 물성이 강하고 희소성이 높은 대상이었습니다. 빛나고 단단하며 귀한 것, 이 세 가지 조건만으로도 보석은 신비와 보호의 힘을 담기에 적합했습니다.

고대의 사람들은 보석을 몸에 지니거나 신전, 무덤, 제단에 놓음으로써 보이지 않는 세계와의 연결을 시도했습니다. 중국 한나라의 왕족이 옥Jade으로 만든 옥의 로 시신을 감싼 것도, 고대 그리스인이 자수정^{Amethyst}을 신성한 술잔에 새긴 것도 단순한 미의 추구가 아니었습니다. 발트 해 연안에서는 호박^{Amber}을 태양의 정기를 머금은 보호석이라 여겨 병자나 아이에게 지니게 했고, 고대 인도에서는 루비^{Ruby}에 불의 정수가 깃들었다고 믿어 악령을 물리치는 부적으로 삼았습니다. 이처럼 보석은 지역과 시대를 초월하여 재난을 막고 생명을 지키기 위한 실천적 신앙의 도구였습니다.

보석은 주술적 상징의 대표였습니다. 문자로 쓸 수 없는 마음, 제의^{ritual, 祭儀}로만 표현되던 두려움은 보석이라는 사물에 투영되었고, 그 자세가 기도이자 의식이 되었습니다. 현대에 들어 과학과 기술이 불확실성을 일부 해소했음에도, 사람들은 여전히 시험 전 반지를 끼워 건강을 빌며 목걸이를 찾습니다. 이 행위는 단지 감정을 다독이는 차원을 넘어, 보이지 않는 세계를 향한 인간의 유구한 신념의 연장선에 있습니다.

그래서 보석은 미신이나 감정의 잔재로만 치부될 수 없습니다. 그것은 인류가 두려움을 이기기 위해 구축해 온 주술적 언어이며, 마음으로 수행하는 의식의 도구입니다. 바로 그 점에서, 보석은 지금도 우리 곁에서 눈에 보이는 기도로 존재하고 있습니다.

번개(Éclair). ©김미은 디자이너

4 보석이 그린 자화상

우리는 살아가며 자신을 표현해야 하는 순간들을 자주 맞이합니다. 말로, 옷으로, 표정으로, 때로는 보석으로. 보석은 말이 없지만, 그 반짝임 안에는 취향과 태도, 감정, 기억, 그리고 삶의 철학이 담깁니다.

그래서 어떤 사람은 말보다 먼저 보석을 착용하고 세상으로 나아갑니다.

보석은 단지 예뻐서 고르는 것이 아닙니다. 우리는 알게 모르게 보석 하나에도 지금의 기분, 내면의 상태, 표현하고 싶은 나를 담습니다.

은은한 진주는 단정함과 균형을, 강렬한 루비는 열정과 존재감을, 미니멀한 금 반지는 섬세함과 절제를, 유산으로 받은 목걸이는 뿌리의식을 보여줍니다. 그렇게 보석은 단순한 장식이 아니라, 내가 어떤 사람인지 보여주는 조용한 자화상이 됩니다.

용기가 필요했던 날, 누군가는 가장 반짝이는 귀걸이를 꺼냈고, 혼자이고 싶은 날에는 아무 장식 없는 실버 링을 골랐습니다. 사랑이 끝난 후에도 손에서 반지를 놓지 않는 사람은 그 관계가 아직 내 삶에 의미 있음을 스스로 확인하고 싶은 것일지도 모릅니다. 상대방이 어떤 보석을 착용했는지를 보면, 그 사람이 지금 어떤 감정을 느끼는지 어떤 태도를 취하고 싶은지 짐작할 수 있습니다. 이처럼 말하지 않아도 전해지는 메시지는 때로는 말보다 강력하고 진실합니다.

　보석은 기분이나 상태뿐만 아니라 스스로의 자아를 새롭게 발견하게 해주는 도구가 되기도 합니다. 거울 앞에서 반지를 끼고 돌려보다가 목걸이 하나를 걸어보며 "이게 지금의 나를 더 잘 보여주는 것 같아"라고 느끼는 순간, 보석은 단순한 꾸밈을 넘어 자기 인식의 거울로 다시 태어납니다.
　과거의 보석이 신분과 부, 사회적 관계를 나타내는 증명이었다면, 오늘날의 보석은 자신을 위한 선택이 되는 셈입니다. 그리고 그 선택은 조용하지만 분명한 언어로 말합니다. "나는 나를 알고, 표현할 수 있다."

　보석은 내가 말하지 못한 것을 대신 말해주는 언어이며, 내가 누구인지 잊지 않게 해주는 감정의 표식입니다. 그 작은 반짝임 속에는 과거의 내가, 지금의 내가, 그리고 나답게 살아가고 싶은 내일의 내가 함께 담겨 있습니다.

5 탄생석은 누구의 이야기인가

탄생석은 태어난 달의 표시이자, 그 사람에게 전하고 싶은 특별한 메시지가 담긴 보석입니다.

그 안에는 한 생명이 세상에 온 순간의 기억, 그리고 누군가의 존재를 소중히 여기는 마음이 담겨 있습니다. 그렇다면 질문이 생깁니다. 탄생석Birthstone, 誕生石은 누구를 위한 보석일까요? 왜 사람들은 자신의 탄생석을 알고 싶어하고, 간직하려 할까요?

탄생석은 사람과 보석이 만나는 가장 사적인 접점입니다. 누군가 세상에 태어난 그 달, 그 계절과 시간의 빛깔을 닮은 보석이 한 사람과 연결되어 이름을 얻습니다.

루비는 누군가에겐 그저 하나의 보석일 수 있지만, 7월 생에겐 자신의 생명과 연결된 색과 에너지가 됩니다. 진주Pearl는 평범한 장신구일 수 있지만, 6월생에게는 기억과 감정이 깃든 특별한 표식이 됩니다. 또한 각각의 탄생석은 각자 가진 의미도 전해지는데, 1월의 가넷^{Garnet}은 생명력과 수호를, 5월의 에메랄드^{Emerald}는 재생과 희망을, 9월의 사파이어^{Sapphire}는 지혜와 진실을 상징합니다.

이렇듯 탄생석은 우리가 태어난 순간의 자연, 시간, 감성과 맞닿아 있는 보석이며, "당신만을 위한 징표가 있다"는 조용한 메시지를 전합니다.

대부분의 탄생석은 부모, 가족, 연인, 친구처럼 가까운 사람이 선물합니다. 돌이 귀해서가 아니라, 그 사람의 존재가 소중하기 때문입니다. 자신이 스스로에게 선물하는 경우, 그건 "나는 나를 잊지 않고, 스스로를 인정한다"는 다짐이자 응원의 표현일 것입니다.

그 누구도 아닌 나만의 특별한 수호석$^{Talisman\ Stone,\ 守護石}$이 존재한다는 것은 세상을 살아가는 데 있어 생각보다 훨씬 큰 힘이 됩니다. 탄생석은 손에 쥘 수 있을 만큼 작지만 생명을 기념하고 응원하는 마음이 가장 섬세하게 표현된 보석이기에, 시간이 지날수록 삶의 의미와 함께 더욱 귀중해질 것입니다.

불꽃처럼. ⓒ손유학 디자이너

6 결혼반지에 담긴 약속의 철학

결혼반지는 단지 우리가 결혼했다는 표시나 관습적인 물건이 아닙니다. 그 반지는 오랜 역사와 깊은 의미, 그리고 사람 사이의 보이지 않는 약속을 눈에 보이게 만든 상징입니다. 완전한 원형이라는 형상 속에는 영원과 순환, 인연의 끈이 담겨 있습니다. 결혼반지는 사랑이라는 감정을 책임으로 바꾸는 조용한 서약서가 되며, 매일 아침 손가락에 끼우는 그 행위는 어제의 다짐을 오늘도 이어가는 작은 의식이 됩니다. 함께 반지를 고른 날, 서로의 손에 끼워준 날, 그 반지를 손에 낀 채 함께 살아온 수많은 날들이 모두 그 안에 켜켜이 쌓여가게 됩니다.

결혼반지를 왼손 네 번째 손가락에 끼우는 전통은 고대 로마에서 비롯되었다고 전해집니다. 그들은 이 손가락에 'Vena amoris'^{사랑의 정맥}, 즉 심장으로 연결된 정맥이 흐른다고 믿었으며 이 상징은 사랑이 단순한 감정을 넘어 생명과 깊이 닿아 있는 연결이라는 의미로 확장되었습니다. 중세 유럽에서는 결혼 예식에서 신부가 반지를 받는 순간,

그것은 단순한 선물이 아니라 법적 계약이자 신 앞의 맹세로 간주되었습니다. 이렇게 결혼반지는 눈에 보이지 않는 감정과 책임을 눈에 보이는 형태로 바꾼 인류의 가장 오래된 상징 도구 중 하나입니다.

    오늘날에도 결혼반지는 법적인 문서보다 더 자주, 더 가까이에서 사랑을 상기시키는 매개체로 존재합니다. 서약이라는 말은 한 순간에 끝날 수 있지만, 반지는 매일 손가락 위에서 말없이 반복됩니다. 그 작은 원 안에는 사랑, 동행, 기억, 용기, 신뢰 등 인간이 또 다른 인간에게 전할 수 있는 가장 깊은 마음이 담겨 있습니다.
    그래서 결혼반지는 단순한 장신구가 아니라, 삶의 철학이자 사람과 사람을 잇는 고리입니다.

모닝듀2(M4) 반지. ©GOLDEN DEW

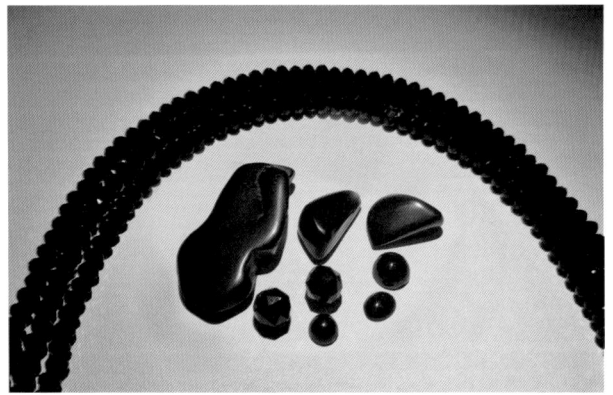

제트 비드 목걸이와 원석 조각들. ©Korea jewelry Center

7 검은빛이 전하는 애도의 방식

보석이 늘 기쁨을 위한 것만은 아닙니다. 눈부신 축하와 사랑의 상징으로 여겨지는 반짝이는 보석들 사이에서, 한편으로는 말로 다 하지 못할 슬픔과 상실의 순간을 품기 위해 존재해 온 보석도 있습니다.

그 대표적인 것이 바로 제트^{Jet}입니다.
제트는 수천만 년 전, 고목이 지층 아래에서 오랜 세월 압력과 시간을 거치며 탄화되어 탄생한 유기질 보석입니다. 검지만 탁하지 않고, 부드럽지만 무겁지 않은 특유의 따뜻한 질감과 은은한 광택은 보는 이의 마음을 차분하게 가라앉힙니다.
그 어떤 보석보다 조용한 이 보석은, 오랜 시간 애도$^{Mourning, 哀悼}$의 상징이자 정서의 표식으로 사용되어 왔습니다.

고대 로마에서도 제트는 장례식 장신구나 부적으로 사용되었습니다. 로마인들은 이 깊은 검은색의 광물이 악한 시선이나 운명을 막아주는 보호석이라 믿었습니다.

19세기 영국에 이르러, 제트는 또 다른 상징을 갖게 됩니다. 빅토리아 여왕$^{\text{Queen Victoria(1819-1901)}}$은 남편 앨버트 공$^{\text{Prince Albert(1819-1861)}}$의 죽음 이후 오랜 시간 동안 제트를 착용했는데, 화려함 대신 절제된 슬픔을 표현하는 그녀의 모습은 제트를 애도의 보석으로 자리매김하게 만들었습니다. 그 조용한 선택은 단순한 유행을 넘어, 상실과 애도를 표현하는 새로운 방식으로 많은 이들의 마음에 깊은 울림을 남겼습니다.

슬픔은 종종 말보다 앞서며, 표현보다 느리게 흐릅니다. 위로조차 낯설게 느껴질 때, 사람들은 말이 아닌 형태에 감정을 실어 표현합니다. 세월이 흐르며 애도의 형식은 달라졌지만, 제트는 여전히 마음을 정리하고 감정을 정돈하는 의미있는 물질로 존재합니다. 검은 장신구를 넘어 자신의 슬픔이 세상에 조용히 이해되기를 바라는 마음, 떠난 이와의 연결이 여전히 손끝에 닿아 있기를 바라는 간절함을 조용히 담아 온 유산이며, 상실의 무게를 감당하게 해주는 내밀한 도구로 남아 있습니다.

보석이 삶의 아름다움과 기쁨을 기념할 수 있다면, 제트는 삶의 어두운 장면 옆에 조용히 머무르며 그 시간들마저도 존중하고 기억할 가치가 있음을 말해줍니다.
빛나는 것만이 우리를 위로하는 것은 아닙니다. 어둠 속에서도 조용히 존재하는 무언가가 마음을 지켜주는 방식이 있습니다.

다이아몬드 연마 ©김풍근 다이아몬드 연마사

함수정 연마 ©송건현 보석연마사

8 오래된 반지 이야기

그 반지는 처음보다 많이 닳았습니다.
가끔은 광$^{Luster, 光}$을 내야 할까 고민도 했지만, 저는 그냥 그대로 두기로 합니다. 표면은 울퉁불퉁하게 마모되었고, 금속은 시간이 만든 색을 입었습니다. 처음처럼 반짝이지는 않지만, 이상하게 지금이 더 마음에 듭니다. 반지를 보며 생각합니다. 오래된 건 단지 낡은 것이 아니라, 살아낸 시간의 무늬라는 것을요.

이 반지는 나의 시간과 함께 했습니다.
누군가에게 받은 것도 아니고, 특별한 날에 산 것도 아니었지만, 어느새 매일 손에 끼우게 되었습니다. 중요한 날엔 당연히 함께였고, 그렇지 않은 날에도 함께 했습니다. 슬플 때도, 조용히 견디고 있을 때도, 이 반지는 내 손끝에서 묵묵히 나를 감싸 안았습니다. 말은 하지 않았지만, 늘 같은 자리에 있어 주었습니다.

이 반지는 나의 태도를 담고 있습니다.

겉보다 속을 오래 들여다보는 사람이고 싶었고, 새롭고 빠른 것보다 오래된 것에 머무를 줄 아는 사람이 되고 싶었습니다. 한 번의 선택을 후회 없이 지켜내는 것, 시간이 흘러도 처음의 의미를 잊지 않는 것, 사람과 감정을 쉽게 바꾸지 않는 것. 이 반지를 바라볼 때마다 나는 내가 어떤 사람이고 싶은지를 다시 떠올리게 됩니다.

손끝의 감촉은 그 태도를 일깨우는 물리적인 기억입니다.

이 반지를 끼우던 순간, 나는 어떤 결심을 했는지, 어떤 마음을 품고 있었는지를 생각합니다. 흔들릴 때마다 이 반지를 만집니다. 내가 정한 방향을 잘 지키고 있는지, 그때의 다짐을 잊지 않았는지, 지금도 같은 마음으로 이 길을 걷고 있는지를 조용히 확인합니다.

오래된 반지와 함께 한다는 건 시간과 함께 살아간다는 뜻입니다.

겉은 변해도 그 안에 담긴 감정과 기억은 더 단단해졌습니다. 사람들은 종종 새로운 것을 좇지만, 나는 낡아가는 것 속에서 깊어지는 마음을 믿습니다. 이 반지는 그런 나의 삶을 닮았습니다. 자랑할 것도 없고, 특별해 보이지 않을 수도 있지만, 그 안에는 오랜 시간 지켜온 나만의 태도와 감정이 담겨 있습니다.

이 반지는 유행도, 장식도, 다른 사람을 위한 보여짐도 아닙니다.

그건 내가 나를 증명해 온 시간의 흔적이며, 말없이 나를 일깨우는 조용한 질문이자 해답입니다. 빛나지 않아도 괜찮습니다. 중요한 건, 그것이 여전히 내 손에 있다는 사실입니다. 살아낸 날들의 무게와 살아갈 날들의 태도를 함께 담고 있으니까요.

Rotatable Onyx bezel setting ring. ⓒ박성섭 작가

생명. ⓒ강명균 교수

9 감정은 스쳐가고, 의미만 남았다

보석을 선택하는 일은 단순한 소비처럼 보일 수 있습니다.

많은 사람들은 가격, 소재, 브랜드를 먼저 확인합니다. 하지만 어떤 보석은 시장 가치와 무관하게 시선과 손끝을 붙잡고, 설명하기 어려운 끌림으로 남습니다. 그 순간 보석은 상품이 아닌, 의미의 대상으로 바뀝니다. 감정이 물리적 속성을 넘어설 때, 그것은 존재를 대변하는 기호로 작동합니다.

마음으로 고른 보석에는 명확한 논리가 없습니다.

때로는 비합리적으로 보이지만, 그 안에는 한 사람의 기억과 감정, 정체성이 응축되어 있습니다. "왜 이걸 선택했는가" 보다 "이것을 선택한 나는 누구인가"라는 질문이 더 적절합니다. 보석은 외부의 기준이 아닌, 내면의 감각으로 삶을 정리하는 조용한 언어입니다.

감정으로 선택한 보석은 유행보다 오래 지속되는 정서적 의미를 가집니다.
당시에는 단순한 장신구였을지라도, 시간이 흐르면 삶의 특정한 장면과 결합되고, 기억의 매개가 되며, 결국 존재의 일부로 자리 잡습니다. 그래서 마음으로 고른 보석은 사용을 위한 도구가 아니라, 시간을 담은 상징이 됩니다.

가격보다 마음을 기준으로 한다는 것은
세상이 정한 질서와 가치에서 벗어나, 스스로의 감각과 경험으로 세상을 해석하겠다는 태도입니다. 그 안에는 기억을 대하는 방식, 감정에 반응하는 감수성, 자기 사신을 존중하는 시선이 함께 담깁니다.

누군가는 말합니다.
"이 보석은 네가 떠올라서 골랐어."
또 누군가는 말합니다.
"그날의 기분이 이 반짝임과 닮아 있었어."

이 말들은 경제적 가치가 아닌, 감정을 번역한 언어입니다.
이처럼 마음으로 고른 보석은 단순한 장신구가 아닌, 진심의 물질화이자 감정을 매개로 한 문화적 상징이 됩니다.

결국, 보석은 우리에게 다음과 같은 질문을 던집니다.

나는 무엇을 기억하고 싶은 사람인가?
나는 어떤 감정에 민감한 사람인가?
나는 어떤 기준으로 세계를 해석하는가?

이 질문들에 진지하게 응답할 때,
보석은 가격표가 아닌 감정과 기억, 그리고 내 인생 철학의 상징이 됩니다.

동반. ©손유학 디자이너

10 이유 없이 존재하는 보석은 없다

처음엔 별다른 이유 없이 고른 것 같았던 보석도, 시간이 흐르면 문득 떠오릅니다. 왜 그 반지를 샀을까, 왜 그 목걸이를 선택 했을까? 찬찬히 돌아보면, 그 순간에는 분명 어떤 기분이, 말로 다 설명되지 않는 감정이 스며 있었음을 알게 됩니다. 특별한 기념일이 아니어도, 누군가의 권유가 아니어도, 우리는 아주 개인적인 결에 따라 보석을 선택합니다.

어떤 보석은 긴 시간 노력해온 나에게 스스로 건네는 조용한 위로였을 수 있습니다. 어떤 보석은 누군가의 응원, 누군가와의 이별, 혹은 막 시작한 새 삶에 붙인 작은 표식일 수도 있습니다. 그런 의미에서 보석은 하나의 기록이 됩니다. 구체적인 말 없이도 그 시기의 감정을 담아두는 기억의 그릇이 됩니다.

보석은 생존에 꼭 필요한 물건은 아닙니다. 하지만 우리는 인생의 경계에서 감정이 흔들릴 때, 새로운 마음이 피어날 때, 자주 보석을 떠올립니다. 좋은 하루를 오래 남기고 싶어서, 오늘의 나를 조금 더 소중히 대하고 싶어서, 거울 속 나에게 작은 응원을 보내고 싶어서. 이렇듯 우리는 스스로도 모르게, 감정이 머무는 지점에 보석을 배치합니다.

그 선택은 논리적이지 않을 수 있습니다. 하지만 손이 닿았다는 사실, 마음이 그 반짝임을 붙잡았다는 것만으로도 충분한 의미가 됩니다. 이후 시간이 흘러 다시 마주했을 때, 그 작은 보석은 과거의 한 장면을 선명하게 불러옵니다. 길거리의 소리, 함께 있던 사람의 표정, 내 안에 자리했던 감정들까지도.

이런 경험은 가격과는 무관합니다. 누군가에게는 값비싼 다이아몬드보다, 첫 월급으로 산 소박한 반지가 훨씬 더 무게 있게 다가올 수 있습니다. 혹은 유행에 맞춰 산 고급스러운 팔찌보다, 어머니가 건넨 낡은 브로치가 더 많은 말을 건네올 수도 있습니다. 결국, 보석의 진짜 가치는 그것이 만들어진 재료나 숫자가 아니라, 그것과 함께한 시간과 감정의 깊이에 있습니다.

보석을 고른다는 건, 그때의 감정을 지나치지 않겠다는 조용한 의지입니다. "그 순간의 내가 소중했다는 걸 기억하고 싶다"는 마음. 그래서 어떤 보석은 그 자체로 빛나는 것이 아니라, 그때 내가 얼마나 절실했는지를 오래도록 보여주는 물건이 됩니다. 반짝이는 건 보석이지만, 그 안에 담긴 건 바로 나 자신이었던 겁니다.

[마르스마크] Signature MM-T Ring. ©Dorocy Jewelry

11 자신을 표현하는 가장 조용한 방법

사람은 누구나 자신을 드러내고 싶어 합니다.
하지만 꼭 목소리를 내거나, 특별한 무언가를 보여야만 그 마음이 전달되는 것은 아닙니다. 어쩌면 단 한마디 말 없이, 조용한 반짝임 하나만으로도 "이게 나야"라는 속삭임이 충분히 전해질 수 있습니다.
그 반짝임이 바로 보석입니다.

우리는 말로는 다 담기지 않는 감정이나 분위기를, 형태 있는 무언가로 표현하고 싶어합니다. 보석은 그 중에서도 가장 조용하면서도 강한 자기표현의 방식입니다. 섬세한 다이아몬드 반지, 자연을 닮은 원석 귀걸이, 명상의 결을 품은 자수정 펜던트, 품격을 지닌 진주 목걸이처럼 각각의 보석은 말하지 못한 감정을 담은 조각입니다. 늘 몸 가까이에서 함께하며, 작은 선택만으로도 전혀 다른 인상을 만들 수 있고, 시간이 흘러도 변하지 않는 내면의 언어가 되어줍니다.

세상은 종종 목소리가 크고 눈에 띄는 사람을 기억합니다. 하지만 보석은 그렇게 나서지 않아도 나를 드러냅니다. 누군가를 설득하지 않아도, 내가 나를 이해하고 있다는 흔적이 됩니다.

마음이 조용할수록, 보석은 더 깊은 메시지를 품습니다.
중요한 날, 나를 다잡기 위해 손에 쥔 작은 반지.
내게 선물한 반짝이는 목걸이.
관계를 조용히 떠나 보내며 선택한 귀걸이.
그 순간마다 보석은 나를 붙들고, 다독이며, 말없이 다시 삶을 걸어가게 만듭니다.

사람은 자신이 누구인지 말하고 싶어 하지만, 꼭 말로 표현하지 않아도 됩니다.
보석은 말 없이도 내가 나인 것을 보여주는 방식이며, 내면이 스스로를 알아보는 조용한 반짝임입니다. 그것은 유행보다 내면의 리듬에 가까우며, 타인의 시선보다 나 자신에게 보내는 신호입니다.

그래서 보석은 말보다 오래,
형태보다 깊게,
내가 누구인지 기억하게 해줍니다.

덕분에 반지. ©Korea Jewelry Society

12 마음이 다녀간 자리에 남은 작은 조각

2020년 봄, 세상은 멈췄습니다.
거리의 불빛은 꺼졌고, 일상이 침묵했고, 전 세계는 하나의 이름 없는 공포 앞에 고개를 숙였습니다. 하지만 그 고요 속에서도 여전히 움직여야 했던 이들이 있었습니다. 병원의 불이 꺼지지 않도록, 마스크 속 얼굴이 눈물에 젖지 않도록, 우리는 누군가의 헌신으로 하루하루를 버티며 살아갔습니다. 그 이름 없는 수고, 그 침묵의 용기에 감사를 전하고 싶었습니다.

그래서 한 개의 반지가 태어났습니다.
말로는 다 닿지 않을 마음을, 무언가의 형태로 전달하고 싶었던 것입니다. 우리는 그것을 '덕분에 반지 Thanks Ring'라고 불렀습니다. 이 반지는 단순한 액세서리가 아니라, 한 시대의 공포를 견디게 해 준 사람들에게 건네는 조용한 인사였습니다. 손끝에 머무는 작은 형태에 고마움의 마음을 매듭처럼 묶어, 매일 닿을 수 있도록. 말보다 오래 남고, 편지보다 자주 확인할 수 있게.

이 반지는 누구를 위한 것인가 보다, 어떤 감정을 담고 있는가가 중요했습니다.

작지만 빛나는 다이아몬드^{Diamond}는 헌신을 상징하고, 마스크 형태의 디자인은 방역이라는 울타리를 상징하며, 반지의 소재인 은$^{Silver, 銀}$은 정화의 의미를 조용히 품었습니다. 도금되지 않은 은반지가 시간이 지나며 빛을 잃는 것조차도 의도된 메시지였습니다. 그들의 희생과 고마움이 오래 기억되기를, 그러나 그때의 고통은 과거의 일로 서서히 희미해지기를 바랐습니다.

이 프로젝트는 코리아주얼리소사이어티$^{Korea\ Jewelry\ Society}$가 기획하고, 많은 보석전문가들과 디자이너들이 자발적으로 참여했습니다. 디자인은 '덕분에 챌린지'로 익숙해진 존경의 수어$^{Sign\ Language\ of\ Respect,\ 手語}$ 인사를 모티브로 시각화 되었고, 완성된 반지는 전국의 의료진, 방역 봉사자, 사회복지사들에게 전달되었습니다. 포장 안에 담긴 메시지는 단 하나였습니다.

"당신이 있어 우리는 견딜 수 있었습니다."

그 반지는 말이 없었지만, 감정은 너무도 분명했습니다.

우리가 견딜 수 있었던 이유, 두려워하지 않고 버틸 수 있었던 용기, 서로를 향한 고마움. 그런 마음들이 다녀간 자리에는 늘 말없이 반짝이는 감정의 조각이 하나 남았습니다. 그것이 바로 '덕분에 반지$^{Thanks\ Ring}$'였습니다. 누군가를 기억하고, 감사를 잊지 않고, 관계를 다정하게 이어주는 하나의 매개체. 보석은 결국 사람과 사람 사이에 놓이는 조용한 다리입니다.

'덕분에 반지'는 우리에게 묻습니다.

당신은 지금, 누구에게 어떤 감정을 전하고 있나요?
어떤 방식으로 고마움을 기억하고 있나요?

감정은 말보다 오래 남는 방식으로 전해질 때, 그 진심을 증명합니다.

그 반짝임은 단지 보석이 아니라, 시대를 기억하는 인문학적 오브제^{Objet}이자, 인간의 따뜻함을 연결하는 감정의 상징이었습니다. 그리고 무엇보다도, 그것은 사람다운 반지였습니다. 가장 인간적인 형태로, 가장 깊은 감사를 담아낸, 조용한 마음의 등불.

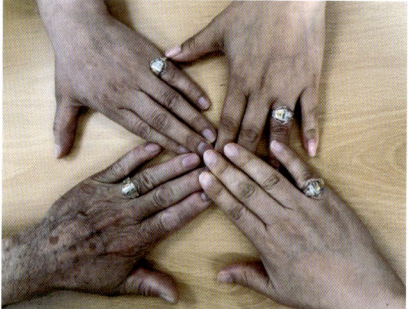

덕분에 반지. ©Korea Jewelry Society

13 나의 하루에 보석이 필요한 이유

    한때는 보석이 결혼식, 화려한 파티, 중요한 모임 같은 특별한 순간에만 어울린다고 생각했습니다. 반짝이는 물건은 특별한 날에만 꺼내야 한다고, 일상과는 어딘가 어울리지 않는다고 여겼던 시절도 있었지요.
    하지만 시간이 흐르고, 삶의 무게와 감정의 결이 달라지면서 점점 알게 되었습니다. 가장 소중한 시간은 사실 하루라는 이름으로 반복된다는 것을요.

    아침에 문을 열고 바람을 맞는 순간, 거울 앞에서 눈을 마주치는 짧은 호흡, 귀걸이를 고르고 반지를 끼우는 그 시간이 나에게는 하루를 시작하는 조용한 의식이 됩니다. 보석은 외모를 꾸미기 위한 도구가 아니라, 마음을 정돈하고 나를 중심에 놓는 작은 루틴입니다.

    어떤 날은 기운이 없어 따뜻한 색의 귀걸이를 고르고, 어떤 날은 낯선 약속 앞에서 익숙한 반지를 찾게 됩니다. 설레는 날엔 반짝이는 목걸이에 손이 가고, 위로가 필요한 날엔 오래된 브로치를 꺼내 듭니다. 이런 선택은 아주 작고, 누군가는 눈치채지 못할지 몰라도, 나에게는 감정의 온도를 조절해주는 섬세한 스위치입니다.

거창하지 않아도 괜찮습니다.
손에 낀 반지는 "지금의 나는 중요한 순간에 와 있어요."
귀걸이는 "오늘 나는 나를 존중합니다."
선물 받은 펜던트 목걸이는 "이건 누군가와의 추억이에요." 라는 의미로 말 없이 나를 설명하고, 타인과의 관계를 감정으로 이어주는 다리가 됩니다.

우리가 하루를 시작하며 보석을 찾는 이유는 분명합니다.
좋아하는 보석을 매만지는 손끝의 감촉, 그 차가운 금속의 온도, 그리고 거울 속 내가 선택한 나를 바라보는 시간은 내 감정과 정체성을 잊지 않기 위한 마음의 장치이자, 나를 잃지 않으려는 가장 사적인 실천입니다.

사계(The four seasons) 부드럽게 녹아내리는 그 계절의 온도. ⓒ박다빈 디자이너

Special Features | 가치란 무엇으로 만들어지는가?

도멘 드 라 로마네-콩티 2014, 갤러리아 명품관 MOSAIC 프로모션 이미지.
Photo: 한화갤러리아 제공. © All rights reserved

14 로마네-콩티

인간의 선택이 만든 희귀한 가치

'로마네-콩티'라는 와인을 아시나요? 세계에서 최고의 와인 중 하나로 꼽히는 와인입니다. 잠시 상상해 보세요. 눈앞에 로마네 꽁띠 한 잔이 놓여 있습니다. 그 깊은 색과 향, 입안 가득 퍼지는 풍미는 단순히 포도와 양조의 결과가 아닙니다. 이 와인은 자연과 인간의 손길, 그리고 시간이 완벽하게 어우러져 만들어진 예술 작품입니다. 보석도 마찬가지입니다. 그 진정한 가치는 단순히 원석이 가진 물리적 특성만으로 결정되지 않습니다. 자연의 경이, 인간의 기술, 그리고 오랜 시간이 함께할 때 비로소 완전한 가치를 갖게 됩니다.

먼저, 자연의 역할을 생각해 볼까요? 로마네 콩티 와인을 만들기 위해서는 최고의 포도 품종이 필요합니다. 또한 그 포도는 특별한 토양과 적절한 기후 속에서만 제대로 자랍니다. 보석 역시 자연에서 시작됩니다. 다이아몬드, 루비, 사파이어, 에메랄드처럼 우리가 사랑하는 보석들은 수백만 년 동안 지구 속 깊은 곳에서 압력과 온도를 견디며 자라납니다. 각 보석이 지닌 색, 투명도, 질감은 모두 자연이 만들어낸 고유한 조건의 결과입니다.

하지만 자연만으로는 충분하지 않습니다. 로마네 콩티가 세계 최고의 와인으로 평가받는 이유는 바로 인간의 손길이 더해졌기 때문입니다. 포도는 단순히 수확한다고 완벽해지지 않습니다. 발효와 숙성 과정에서 세심한 관리와 기술이 필요하며, 숙성되는 나무통의 선택, 온도와 습도 조절까지 고려해야 최고의 맛이 완성됩니다. 보석도 마찬가지입니다. 원석은 연마사의 정밀한 손길 없이는 빛을 발할 수 없습니다. 컷팅과 폴리싱을 통해 보석의 빛과 색이 극대화되고, 단순한 돌에서 감정과 의미를 담은 예술 작품으로 변모합니다.

그리고 시간을 잊지 말아야 합니다. 와인이 숙성을 거치며 풍미를 더하듯, 보석도 오랜 시간 자연과 인간의 과정을 통해 가치를 더합니다. 시간이 쌓이며 보석은 단순한 장신구를 넘어, 우리의 감정을 담고, 세대를 이어 전할 수 있는 특별한 존재가 됩니다.

결국, 로마네 콩티 와인과 보석은 같은 이야기를 합니다. 자연이 주는 선물 위에 인간의 손길이 더해지고, 시간이 그 가치를 완성한다는 이야기입니다. 우리는 이 과정을 통해 단순히 화려한 장식이 아닌, 삶과 감정을 담은 특별한 존재를 만납니다. 보석을 소유하고 경험하고 감상하는 순간, 우리는 자연과 시간, 그리고 인간의 창의성이 만들어낸 이 특별한 선물을 함께 느끼게 됩니다.

김성기의
인문학으로 읽는
보석

아이테르(Aiθnp). ©방남희 디자이너

GEMS | Memory 보석, 기억하다
빛의 결정에 깃든 시간

1 신의 장신구, 문명의 시작

　보석은 빛나는 동시에 기억을 붙잡는 물질입니다.
　어떤 이는 생의 가장 중요한 순간에 그것을 지녔고, 어떤 문화는 보석을 통해 삶의 질서와 우주의 흐름을 이해하고자 했습니다. 인도에서는 태양, 달, 행성들과 연결된 아홉 개의 보석을 하나로 엮은 나바라트나[Navaratna]를 수천 년 동안 지녀왔습니다. 그 조합 안에는 조화와 균형을 바라는 인간의 마음이 담겨 있었고, 사람들은 그 돌들이 인생의 굴곡을 조율해주리라 믿었습니다. 그 믿음은 지금도 이어져, 전통을 품은 형태로 여전히 사람들의 몸 가까이에 머뭅니다.

　중남미의 마야[Maya]와 잉카[Inca] 문명은 옥을 생명의 돌이라 여겼습니다. 피와 하늘, 조상의 기운이 깃든 돌. 죽은 이의 입에 옥을 넣는 의식은 단지 관습이 아니라, 영혼이 무사히 다른 세계로 건너가길 바라는 기원이었습니다. 보석은 삶과 죽음을 연결하는 상징이었고, 기억을 이 세상에 남기는 방식이었습니다.

이런 문화들에는 공통적으로 샤머니즘Shamanism이 흐르고 있습니다.

자연 속의 신비로운 돌에서 보이지 않는 힘을 읽어내고, 형태 안에 감정을 담아 기억을 건네려는 마음. 보석은 그저 외형을 위한 것이 아니라, 이 세상의 질서를 몸으로 받아들이고자 했던 인간의 직관이 머문 물질이었습니다.

오늘날 우리는 더 이상 신전Temple, 神殿 앞에 보석을 바치지는 않지만, 누군가의 생일에, 탄생에, 이별에, 재회에 자신만의 의미를 담은 보석을 건넵니다. 시간이 흘러도 형태는 그대로 남고, 그 안의 마음은 더 또렷해집니다.

보석은 감정을 기억하게 하고, 시간을 넘겨 다음 사람에게 전하게 합니다. 그래서 오래된 보석은 단지 오래된 물건이 아니라, 마음이 건너온 기록입니다.

사계(The Four Seasons). ⓒ오효근 명장

2 하늘과 땅을 잇는 돌, 종교와 보석

우리는 흔히 보석을 아름다움이나 부의 상징으로 떠올립니다.
하지만 인류의 긴 역사 속에서 보석은 단순한 장신구가 아니라, 인간이 품은 가장 깊은 감정과 믿음을 담는 그릇이었습니다.
설명되지 않는 세계를 손끝으로 느끼고 싶을 때, 사람들은 가장 단단하고 눈부신 물질에 마음을 담았습니다.

보석은 종교의 상징이자, 신성Divinity, 神聖과 연결되는 매개물이었습니다. 성경 속 제사장은 열두 개의 보석이 박힌 흉패Breastplate, 胸牌를 걸고 하늘에 기도했고, 불교에서는 보석으로 장식된 연꽃이 자비와 지혜의 상징이 되었습니다. 힌두 전통에서는 각기 다른 돌마다 우주의 질서와 연결되는 의미를 부여하며 삶의 균형을 찾고자 했습니다.

특정 보석이 특정 행성이나 신의 기운과 이어져 있다고 믿는 전통은 여러 문화에서 발견됩니다.

고대 동양에서는 음양오행의 흐름을 조화시키기 위해 보석을 사용했고, 중남미의 선조들은 옥이나 수정 같은 돌에 조상의 기운이 깃들어 있다고 여겼습니다.

그 믿음은 보석이 단지 장식이 아니라, 세상의 질서를 담은 상징임을 보여줍니다.

보석은 눈에 보이지 않는 신비를 손에 쥐게 해주었습니다. 기도는 마음으로 하지만, 사람들은 그 마음을 실감하기 위해 묵주를 돌리고, 염주를 목에 걸고, 보석으로 장식된 경전 표지를 손에 올립니다.

보석의 촉감과 무게, 반짝임은 추상적인 신앙을 감각으로 끌어오는 도구가 되었고, 영혼을 향한 염원이 구체적인 형태를 갖는 순간이 되었습니다.

오늘날 보석은 더 이상 종교 의식의 중심에서 중요한 역할을 하지는 않습니다. 하지만 여전히 소중한 날에 반지를 끼우고, 다짐을 새기듯 목걸이를 고릅니다. 그 반짝임에는 지금도 특별한 의미를 담고자 하는 마음이 담겨 있습니다. 어쩌면 그건 오래 전부터 이어져온 조용한 기도의 연장일지도 모릅니다.

보석은 눈에 보이지 않는 것을 믿고 싶었던 인간의 마음이 만든, 가장 아름다운 상징입니다. 신을 향한 말이기도 하고, 스스로의 내면을 잊지 않기 위한 조용한 다짐이기도 합니다. 그 반짝임은 하늘을 향한 기도를, 이 땅 위 손끝으로 전하려 했던 인류의 오랜 언어입니다.

염원. ©손유학 디자이너

REVE 1RING. ⓒ강민정 교수

3 정복자의 증표, 전쟁과 보석

보석은 화려하고 귀한 존재로 여겨지지만, 그 이면에는 수많은 전쟁과 정복, 상실의 역사가 깃들어 있습니다. 사랑의 상징이자 자존감을 드러내는 장신구로써 뿐 아니라, 때로는 정복자가 손에 넣은 전리품으로 기능했습니다. 보석은 빛나는 동시에 어두운 서사를 품은 물질입니다.

인류는 오랜 세월 보석을 탐했고, 때로는 그것을 얻기 위해 타인의 것을 빼앗아 왔습니다. 작고 값비싸며, 이동이 쉬운 동시에 권력과 신분을 상징하는 이 물질은 언제나 탐욕의 대상이었습니다. 전쟁이 벌어지면 가장 먼저 약탈의 표적이 된 것은 궁전과 신전에 보관된 금과 보석이었습니다.

바빌론^{Babylon}을 정복한 페르시아^{Persia}는 금^{Gold}과 라피스라줄리를 약탈했고, 로마는 이집트를 점령하며 클레오파트라의 보석을 손에 넣었습니다. 유럽 제국들은 아프리카와 아시아에서 식민지를 확장하며 광산의 자원을 수탈했습니다. 이 과정에서 보석은 단지 장식품이 아닌, 승리의 상징이자 지배의 증거가 되었습니다.

정복자들은 보석으로 장식된 관$^{Coffin, 棺}$과 칼, 왕관을 통해 자신의 영토와 권위를 과시했습니다. 보석은 점령지의 문화를 흡수하고 전유한 물리적 선언이기도 했습니다. 그러나 그 눈부심 뒤에는 전쟁의 피해와 강탈당한 기억, 사라진 공동체의 흔적이 겹겹이 얽혀 있었습니다.

하지만 보석은 항상 권력자의 전유물만은 아니었습니다. 지배 받은 이들에게도 그것은 기억과 존엄, 저항의 상징이었습니다. 침묵 속에 간직한 조상의 장신구, 결혼식에 착용한 오래된 금목걸이, 고향을 떠나며 지닌 은반지 하나에도 한 사람의 역사와 감정이 고스란히 담겨 있었습니다. 그것은 단순한 장식이 아닌, 지워지지 않는 자취였습니다.

오늘날 우리는 차가운 박물관 쇼케이스의 유리벽 너머에서 이러한 보석들을 마주합니다. 코이누르 다이아몬드$^{Koh\text{-}i\text{-}Noor\ diamond}$, 마라바 금$^{Maraba\ gold}$, 영국 제국왕관$^{Imperial\ State\ Crown, 王冠}$에 박힌 루비처럼, 그 유물들은 단순히 오래된 물건이 아니라 한 시대의 상처가 굳어져 남은 증거입니다. 그 앞에서 우리는 자연스럽게 묻게 됩니다. 이 보석은 누구의 것이었을까? 어떤 삶을 지나 지금 여기에 있는가?

보석은 인류의 정복사와 함께, 빛과 어둠이 교차하는 물질로 남아 왔습니다. 누군가에게는 권력의 상징이었고, 또 다른 이에게는 지켜낸 기억의 표식이었습니다. 오늘날의 우리는 이제 그 빛을 통해 힘이 아니라, 인간의 감정과 기억, 존엄에 대해 질문을 던지기 시작합니다.

보석은 과거를 비추는 동시에, 앞으로 무엇을 담아갈 것인가를 묻는 거울이 되어가고 있습니다.

왼쪽: 나폴레옹 3세의 왕관을 AI로 재구성함.
오른쪽: 유제니 황후의 왕관을 AI로 재구성함.

4 귀족의 손끝에서 태어난 권위

보석은 오랫동안 귀족과 깊이 얽혀 있었습니다.

그들은 단지 화려함을 자랑하기 위해 보석을 착용한 것이 아니라, 자신의 계급과 정신, 문화적 수준을 시각적으로 표현하기 위해 보석을 선택했습니다. 귀족에게 보석은 사치품이 아니라 존재를 드러내는 언어였고, 사회적 지위와 교양을 증명하는 상징이었습니다.

중세와 근세 유럽 사회에서 귀족은 보석을 통해 권위를 보여줘야 하는 존재였습니다. 왕은 다이아몬드가 박힌 왕관Crown과 왕홀Scepter을 통해 신성과 통치권을 드러냈고, 귀족들은 반지와 단추, 벨트 장식 하나하나에 지적 권위와 정치적 지위를 담았습니다. 귀부인들은 루비, 사파이어, 에메랄드 같은 보석이 세팅 된 반지, 목걸이, 브로치를 통해 가문의 품격과 여성의 교양을 표현했습니다. 그들에게 보석은 이렇게 말하고 있었는지도 모릅니다.

"나는 나 개인이 아니라, 가문의 품위와 역사를 대표합니다."

그렇기에 귀족의 보석은 단순한 소유가 아닌, 전통과 책임에 가까운 것이었습니다. 결혼 예물은 두 가문 사이의 신뢰와 결속을 상징했고, 초상화 속 보석은 명예와 세습의 힘을 기록하는 장치였습니다. 가보$^{\text{family heirloom, 家寶}}$로 이어지는 브로치나 반지는 그저 물건이 아니라, 다음 세대로 전해져야 할 의미와 자격이 담긴 유산이었습니다. 그것은 갖고 싶은 것이 아니라 지켜야 할 가치에 가까웠습니다.

귀족이 추구한 미의식도 단순한 화려함과는 거리가 있었습니다. 보석의 크기나 개수보다, 어떻게 배치되었는지, 어떤 의미로 쓰였는지, 전체적인 균형과 맥락 속에서 어떻게 기능하는지가 더 중요하게 여겨졌습니다. 보석은 눈을 압도하는 것이 아니라, 절제된 조화 속에서 조용히 말해야 했습니다. 그런 미의식은 오늘날까지 이어져 하이 주얼리$^{\text{High jewelry}}$의 원형이 되었고, 고급스러움의 기준이 되었습니다.

지금은 더 이상 귀족 계급이 존재하지 않지만, 그들이 보석에 대해 가졌던 태도는 여전히 우리 일상 속에 남아 있습니다. 결혼반지에 가족의 이니셜을 새기고, 어머니의 목걸이를 딸에게 물려주며, 특별한 자리에선 절제된 보석 하나로 마음을 표현하는 일. 우리는 여전히 보석을 단순한 장식이 아니라, 인생의 중요한 순간을 기념하고 의미를 새기는 방식으로 사용하고 있습니다.

그렇다고 보석의 의미를 과거로만 돌릴 필요는 없습니다. 때로는 보석이란 단순히 빛나는 것이 아니라, 왜 그것이 내게서 빛나야 하는가를 묻는 매개가 되기도 합니다. 오늘날 우리가 보석을 고를 때, 단지 유행을 따르는 것이 아니라 그 안에 어떤 의미를 담고 싶은지를 고민한다면, 우리는 어쩌면 이미 그런 전통속에 살고 있는 것일지도 모릅니다.

사랑의 귀환. ⓒ예명지 교수

5 왕관의 무게는 금이 아니라 힘이다

왕관을 떠올리면 가장 먼저 황금빛과 화려한 보석이 눈에 들어옵니다. 하지만 그 무엇보다 먼저 주목해야 할 것은, 왕관이 지닌 상징적 무게입니다. 왕관은 단순한 장식이 아니라 선언에 가깝습니다. 그것은 "이 사람은 다스릴 자격이 있다."는 사회적 합의가 시각화된 도구이며, 보석은 그 안에서 권위와 질서를 눈에 보이게 만드는 상징의 재료가 됩니다.

금과 보석이 왕관에 사용된 이유는 단지 그 화려함 때문이 아닙니다. 금은 녹슬지 않는 속성 덕분에 오래전부터 신성과 불변성의 상징으로 여겨졌고, 보석은 희귀성과 광채를 통해 자연의 힘과 신비를 품은 존재로 인식되었습니다. 이런 재료들은 신이나 왕, 또는 공동체의 지도자처럼 특별한 존재를 둘러싸는 데에 어울리는 물질로 선택되었습니다.

황금은 단순한 부의 상징이 아니라, 하늘의 뜻을 받은 자에게 어울리는 빛이었고, 보석은 통치자의 통찰, 용기, 보호의 능력을 상징적으로 담는 도구였습니다. 왕관은 그렇게 가장 눈에 띄는 장식이 아니라, 공동체의 질서와 중심을 말해주는 구조물이었습니다.

유럽 왕실의 대관식에서 왕관은 신의 이름으로 수여되었고, 동양의 왕조에서는 면류관, 즉 왕이 쓰는 전통 의례용 관모가 하늘과 땅의 질서를 시각적으로 나타냈습니다. 부족 공동체의 머리장식 또한 깃털과 돌, 상징물들로 구성되어 지도자의 존재를 눈으로 알아보게 했습니다. 왕관은 늘, 단지 그 사람 개인을 꾸미기 위한 것이 아니라, 이 사람이 질서를 대표한다는 사회 전체의 합의를 보여주는 기호였던 셈입니다.

왕관은 머리에 쓰는 보석이지만, 그 진짜 기능은 시선을 끌어올리는 데 있습니다. 많은 사람들 속에서 리더의 자리를 명확히 드러내고, 공동체의 시선과 감정을 한곳에 모이게 하며, 무형의 권위를 눈으로 인식하게 만드는 장치입니다. 그래서 왕관은 금이나 다이아몬드보다도, 보이지 않는 질서와 감정을 형상화하는 하나의 사회적 상징이라 할 수 있습니다.

오늘날 우리는 더 이상 왕관을 쓰고 살지는 않지만, 왕관의 역할은 여전히 다른 모습으로 남아 있습니다. 졸업식의 사각모, 올림픽의 메달들, 결혼식의 베일과 티아라, 어떤 브랜드의 상징적인 로고. 이 모든 것은 인정받은 사람에게 부여되는 집중된 상징이라는 점에서 왕관과 닮아 있습니다. 금이나 보석이 아니라, "이 사람에게 모두가 주목해야 한다."는 감정의 약속이 그 안에 담겨 있는 것입니다.

그래서 왕관을 특별하게 만드는 것은 그 위에 얹힌 다이아몬드가 아니라, 그것을 쓰는 사람이 감당해야 할 무게일지도 모릅니다. 그 안에는 질서를 지키는 책임, 품격을 드러내야 한다는 자각, 그리고 타인을 대표하는 존재로서의 태도가 요구됩니다. 그렇게 왕관은 가장 화려한 보석이 아니라, 가장 고요한 권위의 빛으로 존재하게 됩니다.

저 높은곳을 향하여. ⓒ김선희 디자이너

6 색으로 말하는 권력과 위엄

보석은 색으로 지배하고, 색으로 존경받습니다.

가장 눈에 띄는 특성은 빛이지만, 그 빛을 규정하는 본질은 색입니다. 인류는 이 색에 감정과 질서, 위엄, 권력을 부여해 왔습니다. 색은 단순한 시각적 요소가 아니라, 권위를 시각화하고 감정을 구조화한 상징의 언어였습니다.

역사 속에서 보라색은 가장 강력한 권위의 색이었습니다. 이 색을 얻기 위해서는 귀한 염료가 필요했고, 오직 극소수만이 사용할 수 있었습니다. 로마 황제는 자수정을 절제와 지혜의 상징으로 여겼고, 유럽의 귀족은 자색 보석과 옷으로 왕족의 정당성을 강조했습니다. 기독교 성직자들은 자색을 통해 신성과 금욕을 표현했습니다.

붉은색은 피와 생명, 불과 심장을 떠올리게 하는 색입니다. 루비는 오랫동안 왕권, 전쟁, 열정, 승리의 상징이었습니다. 고대 버마^{Burma, 미얀마}에서는 전사들이 루비를 몸에 지니며 죽음을 피하려 했고, 유럽 왕실은 루비를 왕관과 검에 세팅해 통치자의 결단력과 힘을 나타냈습니다.

노란색과 황금빛은 부와 신성함을 동시에 표현했습니다. 고대 이집트에서는 금으로 된 장신구가 사후의 영혼을 지켜준다고 믿었고, 중국 황제는 노란 옥과 황금 장신구만을 사용할 수 있었습니다. 황금은 단순한 부유함이 아니라 하늘로부터 권위를 부여 받았다는 상징이었습니다.

푸른색은 냉정하고 통제된 리더십을 상징합니다. 사파이어는 중세 유럽에서 지혜와 명예의 색으로 여겨졌습니다. 푸른빛은 하늘, 진실, 통찰을 연상시켰고, 왕관과 장신구에 세팅 된 사파이어는 하늘의 명을 받은 지도자를 나타냈습니다.

녹색은 회복과 생명, 지속되는 통치를 상징합니다. 에메랄드는 대자연과 풍요, 치유의 색이었으며, 클레오파트라는 이를 자신의 통치 상징으로 삼았습니다. 남미에서는 에메랄드를 신이 남긴 불멸의 심장이라 불렀습니다.

중세 유럽의 왕실 장신구는 종종 여러 색의 보석을 조합했습니다. 다이아몬드, 루비, 사파이어, 에메랄드를 함께 세팅한 왕관은 단순한 장식이 아니라 통치자가 갖춰야 할 능력을 색으로 표현한 장치였습니다. 다이아몬드는 불변성과 정당성, 루비는 용기, 사파이어는 지혜, 에메랄드는 풍요를 상징했습니다. 색의 배열은 시각적 미감 이전에 정치적·상징적 메시지를 담고 있었습니다.

보석의 색은 단순히 아름다움을 위한 요소가 아니었습니다. 그것은 지위와 감정을 전달하는 전략적인 언어였습니다. 권위는 말로 설명되지 않고, 색으로 설득되었습니다.

색은 취향이 아니라 시대의 권력 지형을 반영하는 거울이었습니다.

Like Mondrian4. ⓒ배정원 디자이너

7 시대별 이상적인 '아름다움'

아주 먼 옛날, 사람들은 자연과 신에게 가까운 것일수록 고귀하다고 믿었습니다. 고대 이집트의 파라오는 금과 라피스라줄리로 태양과 하늘의 질서를 몸에 새겼고, 보석은 생명의 영속성과 신성한 조화를 상징하는 물질로 여겨졌습니다. 이 시기의 아름다움은 자연에 순응하는 것, 보이지 않는 세계와 조화를 이루는 것에 가까웠고, 보석은 그 감각을 시각적으로 구현한 상징이었습니다.

하지만 시간이 흐르면서, 아름다움의 기준은 점차 신이 아닌 인간에게로 옮겨오기 시작합니다. 고대 그리스·로마 시대의 보석은 균형 잡힌 비례와 조화를 바탕으로, 인간의 신체와 감각을 돋보이게 하는 수단으로 자리 잡습니다. 절제된 귀걸이, 간결한 브로치 하나로 표현되는 미감은 감정의 균형과 이성의 질서를 담고 있었고, 아름다움은 논리와 대칭의 시각화였으며, 보석은 내가 얼마나 조화로운 존재인가를 보여주는 언어였습니다.

그러나 중세에 들어, 그 감정의 중심은 다시 신을 향하게 됩니다. 기독교 세계관 아래에서 아름다움은 경건함과 금욕 속에서 신의 영광을 드러내는 방식으로 변모합니다. 보석은 사치가 아니라 신성함을 표현하는 도구가 되었고, 성직자나 귀족만이 특정 보석을 허락 받았습니다. 왕관과 십자가, 성배에 박힌 보석은 단순한 장식을 넘어 믿음의 무게를 담은 상징이 되었으며, 아름다움은 내면의 신앙과 겸손한 힘으로 정의되었습니다.

르네상스와 바로크 시대에 이르러 인간은 다시 감각을 깨웁니다. 신의 질서에서 벗어난 인간은 이제 자신의 욕망과 예술, 표현의 자유를 통해 세상을 받아들이기 시작합니다. 보석은 더욱 화려하고 입체적으로 변화하며, 곡선과 색채, 장인의 기술이 감정을 조형하는 언어로 사용됩니다. 진주 목걸이는 사랑의 감정을, 로켓 펜던트는 추억을 간직하는 수단이 되었고, 보석은 더 이상 신을 위한 장식이 아니라 나의 감정을 입는 예술로 자리잡습니다.

19세기와 근대 초반의 보석은 감정의 깊이를 더한 기록물이 됩니다. 이별을 기억하는 검은 제트 모닝 주얼리 Mourning Jewelry, 연인의 머리카락이 담긴 반지, 혹은 죽음을 애도하는 펜던트까지. 보석은 점점 더 정서적이고 개인적인 서사를 담아냅니다. 아르누보와 아르데코 양식은 여성의 자각과 사회적 정체성을 시각화하며, 디자인 속에 시대의 감정과 미학을 새겨 넣습니다. 이 시기의 아름다움은 기억과 감정의 표면화였고, 보석은 나의 이야기를 몸에 지닌 채 살아가는 방식이 되었습니다.

지금의 시대는 정답 없는 아름다움을 받아들이는 시간입니다. 개성과 감정, 관계와 경험을 통해 각자의 보석이 만들어집니다. 어떤 이는 단순함과 실용성에서 미감을 찾고, 어떤 이는 오래된 유산에서 기억을 꺼내며, 또 다른 이는 자신의 이야기를 새긴 각인 보석으로 삶을 표현합니다. 탄생석을 고르고, 한 문장을 새기고, 색을 선택하는 그 모든 순간이 감정과 공감의 언어가 됩니다. 이제 보석은 유행이 아니라, 나의 감정이 머무는 공간입니다.

게르만족과 메로빙거 시대의 브로치 및 장신구. 대영박물관 소장. Photo © [김성기]

비잔틴 시대의 금으로 된 십자가와 목걸이, 귀걸이, 반지. 대영박물관 소장. Photo © [김성기]

8 박물학의 유산, 수집된 시간의 빛

보석은 오랫동안 몸에 지니는 장식으로 여겨졌지만, 어떤 시기에는 관찰하고, 분류하며, 보관하는 지식의 대상이기도 했습니다.

18세기에서 19세기 사이, 유럽의 왕립 아카데미와 과학자들, 수집가들은 세계 곳곳에서 보석과 광물을 채집하고 연구하며 그 안에 담긴 시간과 질서를 탐구했습니다. 그들에게 보석은 사치품이 아니라, 지구의 탄생의 비밀과 나이를 설명해주는 결정체이자 자연의 아름다움을 수치와 언어로 읽어내는 지식의 조각이었습니다.

당시 유럽 사회에서 광물 수집은 교양과 지적 호기심의 표현이었습니다. 다이아몬드, 에메랄드, 루비처럼 이미 알려진 보석뿐 아니라, 말라카이트Malachite, 아주라이트Azurite, 토파즈Topaz와 같은 다양한 광물도 수집과 감상의 대상으로 여겨졌습니다. 이 수집품은 개인의 부와 권위를 보여주는 과시물이었지만, 동시에 인간이 자연을 이해하려는 태도와 연결된 산물이기도 했습니다.

19세기 후반, 박물관과 대학은 보석학과 광물학의 체계를 정립하였고, 세계 여러 지역에서 채굴된 보석들은 대영박물관^{The British Museum}, 국립 자연사박물관^{Muséum national d'Histoire naturelle, 파리}, 스미소니언 산하 국립 자연사박물관^{National Museum of Natural History, Smithsonian Institution} 등에서 전시되기 시작했습니다. 보석은 개인의 소유를 넘어 인류 전체의 기억 속에 자리 잡게 되었습니다.

우리가 박물관 유리 진열장 너머에서 마주하는 원석들은 단지 돌이 아니라, 수백 년 전 누군가의 손에 의해 발견되고 기록되며 운반되어 온 시간의 응축물입니다. 그 안에는 인간이 자연을 이해하려고 했던 시선, 과거의 과학과 문화가 담겨 있습니다.

보석은 한때 몸을 꾸미는 장신구였지만, 또 한편으로는 다양한 지식이 융합된 사물이기도 했습니다. 이처럼 보석은 시대에 따라 다른 의미를 품어왔으며, 그것을 바라보는 인간의 태도 또한 끊임없이 변화해 왔습니다. 지금 우리가 손에 쥐고있는 한 조각의 보석 속에도, 누군가의 시선과 시대의 질문이 켜켜이 쌓여 있습니다.

보석은 단지 감정의 상징만이 아니라, 인류가 세계를 이해하고 기억하는 방식의 흔적이기도 합니다. 그 반짝임은 그렇게, 시간과 지식, 그리고 인간의 사유가 교차한 하나의 빛나는 기록입니다.

에메랄드와 다이아몬드 목걸이. 나폴레옹 1세가 황후 마리 루이즈에게 선물한 주얼리 세트 중 하나. 스미소니언 국립자연사박물관 소장. Photo ⓒ [김성기]

나폴레옹 다이아몬드 목걸이, 234개의 다이아몬드로 세팅된 작품. 나폴레옹 1세가 황후 마리 루이즈에게 헌정. 스미소니언 국립자연사박물관 소장. Photo ⓒ [김성기]

하랑(하늘에서 내린 사랑). ⓒ이우나 디자이너

9 누군가를 잊지 않기 위한 장신구

　사람은 잊기 위해 사는 존재가 아닙니다. 오히려 우리는 기억하며 살아가기 위해 무언가를 붙잡고, 그 기억을 오래 간직하기 위해 하나의 보석, 작은 장신구, 이름 없는 반짝임을 선택합니다. 그것은 단순한 액세서리가 아니라, 그 사람과 함께했던 시간의 결정체이며, 말하지 않아도 전해지는 조용한 속삭임의 도구가 됩니다.

　장신구는 끝을 의미하지 않습니다. 그것은 이별 이후에도 계속 이어지는 정서의 연결선이고, 누군가를 마음에 품은 채 살아가는 방식입니다. 사랑하는 이가 떠났다는 사실을 머리로는 받아들일 수 있어도, 그가 남긴 온기와 눈빛, 말투, 체온은 어디로도 완전히 사라지지 않습니다. 그래서 우리는 반지를 끼우고, 목걸이를 걸고, 손목에 팔찌를 채우며 그 사람을 일상의 한 켠에 조용히 함께 둡니다. 이는 "나는 너를 기억하고 있다."는 다짐을 눈에 보이는 형태로 지니고 싶은, 인간적인 욕망에서 비롯된 행동입니다.

기억을 품은 보석은 말보다 강한 위로가 됩니다. 그 반지는 사랑하는 이를 떠나 보낸 후 처음 다시 외출할 때, 그 목걸이는 혼자 걷는 거리에서 목을 감싸며 불현듯 다가오는 허전함을 어루만질 때, 그 귀걸이는 웃음과 눈물이 뒤섞인 어느 날의 감정을 담아내며 함께 흔들릴 때 우리에게 말을 겁니다.

"잊지 않아도 괜찮다."고, "이 기억은 당신과 함께 살아가고 있다."고.

그래서 이런 보석은 상실을 극복하기 위한 수단이 아니라, 그 슬픔을 견디며 살아가는 시간을 함께 나누는 조용한 동반자입니다.

이러한 장신구는 흔히 특별한 장식도, 이름도, 과한 화려함도 갖추지 않습니다. 그저 단순하고 담담한 형태로 존재하며, 그것이야말로 진정한 의미를 품고 있다는 사실을 말 없이 전합니다. 말로 꺼내기 힘든 감정을 대신 전하고, 누구보다 잘 알았던 그 사람을 내 안에서 잊지 않고 있다는 사실을 스스로 확인하는 방법이기도 합니다. 그 보석은 떠난 사람을 붙잡기 위한 것이 아니라, 그와 함께한 시간 속의 나를 지키기 위한 도구입니다.

그래서 매일 그 보석을 착용하는 일은 "나는 너를 잊지 않겠다."는 무거운 다짐이라기보다, "너와 함께했던 나를 기억하겠다."는 조용하고 따뜻한 고백입니다. 이 고백은 가슴 깊은 곳에서부터 천천히 퍼지며 우리를 단단하게 만들어 줍니다. 기억은 사라지는 것이 아니라, 다른 모습으로 우리 곁에 머물며 계속해서 말을 겁니다. 보석은 그 말을 놓치지 않도록 손끝에, 가슴에, 마음속에 단단히 새겨주는 매개체가 됩니다.

블랙 로즈. ⓒ이재흥 디자이너

10 전해지는 감정, 유산이 되는 목걸이의 시간성

사람의 가장 예민한 감정의 자리인 심장 가까이에 머무는 목걸이는, 몸의 일부가 되어 삶과 동행합니다.

어린 시절, 어머니의 화장대나 할머니의 오래된 보석함에서 색이 바랜 듯하지만 여전히 빛나는 목걸이를 발견한 기억이 있습니다. 그 때는 몰랐지만 그 빛은 금속과 돌의 아름다움보다는, 그 보석이 지나온 세월의 깊이였습니다. 목걸이는 가슴 가까이에 놓이기에, 반지나 귀걸이, 브로치와는 또 다른 방식으로 감정을 머금습니다. 그래서인지 목걸이는 이상하리만치 따뜻한 감정을 품고 있습니다.

사랑하는 사람에게서 선물받은 목걸이, 중요한 순간 스스로를 위해 고른 목걸이, 누군가의 유품으로 물려받은 목걸이는 감정의 보호막이자 시간의 매듭이 됩니다. 그것을 착용한다는 것은 그 사람의 삶과 감정을 함께 지닌다는 뜻이기도 합니다. 목걸이는 가장 빈번하게 많은 집안에서 대대로 전해지는 보석 중 하나입니다.

왜일까요? 집이나 재산, 문서는 소유의 대상이지만, 목걸이는 마음의 기억과 체온을 간직한 물건이기 때문입니다. 어머니가 젊은 시절 즐겨 착용하던 진주 목걸이, 할머니가 결혼식 날 걸었던 금목걸이, 아버지가 자식의 성년을 축하하며 건넨 작은 펜던트는 그 자체로 하나의 이야기가 되어 있습니다. 그리고 그 이야기를 목에 거는 순간, 우리는 사랑과 의미, 시간과 연결이라는 보이지 않는 유산까지 함께 물려받게 됩니다.

"이건 엄마가 아빠에게 받은 거야." 목걸이는 이야기와 함께 전해집니다.
어떤 목걸이는 말없이 건네지지만, 많은 목걸이는 작은 이야기를 동반합니다.
"이건 너희 엄마가 스무 살 때 아빠한테 선물 받은 거야."
"할머니가 너를 위해 아껴두셨던 거야."
"내가 중요한 발표가 있던 날 이걸 걸고 갔단다."

이런 이야기가 함께 전해지는 순간, 목걸이는 금속과 보석을 넘어 삶의 순간을 간직한 감정의 기록이 됩니다. 그것은 시간의 증인이며, 말없이 나를 안아주는 누군가의 마음이기도 합니다. 지금 내 목에 걸린 그 목걸이는 이전에 누군가가 살아낸 감정과 함께 있었고, 이제는 나의 삶과 시간을 함께 살아가고 있습니다.

그 반짝임은 변하지 않지만, 그 안에 담기는 감정은 세대를 지나며 점점 깊어지고 따뜻해집니다. 목걸이는 나를 완성하는 보석이기도 하지만, 누군가의 인생과 나를, 그리고 나와 다음 세대를 이어주는 연결의 상징이기도 합니다. 마음을 담고, 이야기를 담고, 시간을 품은 조용한 언어이며, 사랑의 증표이기도 합니다.

목걸이를 건다는 것은, 시간을 거는 일입니다. 우리는 그 목걸이를 걸 때마다 누군가의 기억을 품고, 또 새로운 의미를 얹습니다. 오늘 당신의 목에 걸린 그 목걸이는 누군가의 사랑이었고, 당신의 하루가 되었으며, 내일 누군가의 추억이 될지도 모릅니다. 그렇기에, 목걸이는 삶을 통과한 감정의 고리이자 세월을 살아가는 우리에게 주어진 가장 따뜻한 유산입니다.

실크로드. ⓒ김윤봉 작가

11 나만의 이야기를 새긴 디자인

세상에는 수많은 보석이 있습니다.

형태도, 색도, 이름도 제각각 이지만 가장 오래도록 마음에 남는 것은 언제나 나만의 이야기가 담긴 보석입니다.

유행을 따르지도 않고, 누군가의 취향을 흉내 낸 것도 아니지만, 오직 내 마음에서 비롯되어 나를 위해 만들어진 그 한 조각은 단순한 장신구를 넘어 삶의 어느 한 장면을 응축한 조용한 자서전처럼 느껴집니다.

사람들은 왜 나만의 디자인을 원할까요?

아마도 사람은 누구나 자신만의 서사를 지닌 존재이기 때문입니다.

어떤 계절, 어떤 감정, 누구와의 관계 속에서 내가 했던 다짐, 지나간 상실, 새로 얻은 용기. 그 모든 것은 말이나 글로 다 표현되기 어렵습니다.

그래서 우리는 결국 그 기억과 감정을 형태로 새기고 싶어집니다.

보석은 그렇게 단지 예쁜 물건을 넘어, 나를 기억하고 표현하는 방식이 됩니다.

나만의 디자인은 외형의 아름다움보다 감정의 구조에 가깝습니다.
작은 별 모양의 펜던트는 그리움의 밤을 견뎌낸 흔적이 되고,
가느다란 반지는 여린 나 자신을 붙잡아준 다정함이 되며,
이니셜이 새겨진 목걸이는 관계의 상징,
탄생석 귀걸이는 존재를 다시 확인하는 의식이 됩니다.
그렇게 감정이 쌓인 보석은 단순한 물건이 아니라,
나라는 사람을 설명하는 작고 정교한 문장이 되어 갑니다.

디자인이라는 말은 어쩌면 스타일을 의미하는 것이 아니라,
삶의 구조를 시각화한 서사적 장치에 더 가깝습니다.
'어떻게 생겼느냐?' 보다 '왜 그렇게 생겼는가?'가 더 중요한 이유입니다.
나는 왜 이 보석을 골랐는가?
이 안에 어떤 감정이 담겼는가?
이 반짝임은 나를 어떻게 말해주는가?
이 질문에 스스로 답할 수 있다면, 그 보석은 이미 세상에 하나뿐인 나의 이야기가 됩니다.

같은 디자인이라 해도, 보석이 내 삶에 등장한 맥락은 각기 다릅니다.
그래서 사람들은 각인을 새기고, 기호를 남기며, 상징적인 요소를 더합니다.
디자인은 곧 기억의 방식을 설계하는 일이며,
나를 어떻게 기억할 것인가를 조용히 연출하는 예술이 됩니다.

그 보석은 지금은 나만 알고 있는 장면이지만,
언젠가는 누군가에게 이렇게 전해질지도 모릅니다.

"이건 엄마가 자기를 위해 만든 반지야."

"이건 내가 그 시절을 지나왔다는 증거야."

보석은 그렇게 시간을 품고, 감정을 지키며,
내 삶을 가장 조용하게, 그러나 가장 확실하게 반짝이며 증명하는 존재가 됩니다.
무엇을 샀는가 보다, 어떤 마음으로 남겼는가가 더 중요해지는 순간.
그 이야기를 담은 보석은, 결코 사라지지 않습니다.

진주 목걸이, ⓒKorea Jewelry Center

12 20세기 여성의 자유와 진주

진주$^{Pearl, 珍珠}$는 오랫동안 단아함과 고전적 여성성을 상징해 왔습니다. 전통적으로는 상류층 여성의 격식 있는 차림에 어울리는 보석으로 여겨졌고, 정숙함과 우아함의 이미지와도 깊이 연결되어 있었습니다. 그러나 20세기에 들어 여성의 삶이 바뀌고, 사회적 역할이 넓어지면서 진주는 점차 새로운 의미를 지니게 됩니다. 더 이상 누군가의 기대에 맞춰 착용하는 장신구가 아니라, 자기 표현과 내면의 자유를 담은 보석이 된 것입니다.

1920년대, 코코 샤넬$^{Coco\ Chanel(1883-1971)}$은 진주를 일상의 옷차림에 매치하며 그 고정관념을 깼습니다. 전통적인 드레스가 아닌, 재킷이나 셔츠, 혹은 남성복을 응용한 수트 위에 걸린 진주는 기존의 격식을 벗고, 스스로 정의하는 여성성의 상징으로 거듭났습니다. 화장기 없는 얼굴에 걸쳐진 진주는 그 자체로 하나의 선언이 되었고, '이런 모습도 여성이다.'라는 새로운 기준을 만들었습니다.

이후 수십 년간 진주는 여성의 변화하는 역할을 조용히 함께했습니다. 일터에서 목소리를 내는 여성, 가정 안팎에서 스스로의 존재를 증명해 나가는 여성, 감정과 태도를 자신만의 방식으로 표현하는 여성에게 진주는 여전히 의미 있는 반짝임으로 남아 있습니다. 그것은 누군가의 시선에 맞춘 장식이 아니라, 스스로 선택한 삶의 태도를 말해주는 장치입니다.

오늘날 진주는 우아함만을 위한 보석이 아닙니다. 누군가의 딸이며, 어머니인 동시에 나 자신으로 존재하고 싶은 여성, 부드러움과 강인함을 함께 지닌 이들에게 진주는 가장 섬세하면서도 단단한 감정의 표상이 됩니다. 그것은 소리 없이 단호하고, 전통 속에서도 유연하며, 유행과 거리를 두면서도 여전히 중심을 지닌 빛입니다.

진주는 여전히 여성의 곁에 있습니다. 하지만 그 의미는 달라졌습니다. 진주는 여성의 자유를 상징합니다. 그 빛은 이제, 나를 위한 선택이자 내가 걸어온 길을 말해주는 고고한 상징입니다.

AI로 재구성.

13 우승반지의 의미, 몸에 새겨지는 '존재의 증명'

왜 인간은 승리를 보석으로 남기려고 할까요?

그것은 단순한 기록을 넘어, 기억을 지니기 위한 방식이기 때문입니다. 트로피는 진열장에 놓여 있지만, 반지는 손가락에 끼워지고, 메달은 목에 걸립니다. 즉, 이들은 외부를 위한 증표가 아니라, 내면과 함께 살아가는 감정의 언어입니다. 손끝에서 체온과 함께 살아 숨 쉬는 이 보석들은 단순한 수여물이 아니라, 존재의 증명이자 시간의 증언자입니다.

예를 들어, 미국 메이저리그인 MLB^{Major League Baseball}와 NBA^{National Basketball Association}에서 선수들에게 수여되는 우승반지는 단순한 장식이 아닙니다.

그것은 수많은 경기를 치르며 견뎌낸 시간, 수백 번의 패배와 극복을 거쳐 도달한 정점의 상징입니다. 반지는 원형이라는 형태 안에 순환과 완성이라는 의미를 담고 있습니다. 다시 말해, 그 반지는 한 시즌의 시작과 끝, 개인의 노력과 팀의 헌신이 원을 그리며 하나의 이야기로 남는 구조입니다.

올림픽 메달 역시 마찬가지입니다.

그 메달은 전 세계인의 눈앞에서 주어지지만, 실제로는 오직 그 선수 한 사람의 고통과 성장의 서사를 몸에 걸어주는 행위입니다. 국가와 민족, 이념과 정체성을 초월해, 메달을 거는 그 순간은 하나의 인간이 자신의 한계를 넘어서 자신을 증명하는 상징적 장면입니다.

또한, 노벨상 수상자에게 수여되는 금메달도 마찬가지입니다. 과학, 문학, 평화 등 다양한 분야에서 인류를 위한 기여를 이뤄낸 이들의 업적을 기념하는 이 메달은 그 자체로 인류 집단 기억의 일부가 됩니다. 중요한 것은, 이들 메달이 책 속에 실린 이름이나 인터넷상의 숫자가 아닌, 직접 몸에 닿는 보석이라는 점입니다. 인간은 위대한 성취를 물리적인 형태로 남기고 싶어하며, 그것을 지닐 수 있는 것으로 만듦으로써 그 감정을 체화 하려는 본능이 있습니다.

우승반지를 손에 끼우고, 메달을 가슴에 거는 순간, 사람은 단순히 "내가 이겼다."고 말하지 않습니다. 대신 이렇게 말합니다.

"나는 이 시간을 견뎠고, 이 자리까지 왔다."

그 보석은 누군가에게 보여주기 위한 승리의 증표이기도 하지만, 동시에 스스로에게 말하는 위로이자, 다짐입니다. 우리는 이 작은 사물들을 통해 인간이 무엇을 이뤘는지를 보게 됨과 동시에, 무엇을 위해 살아왔는지를 마주하게 됩니다. 그리고 바로 그 순간, 보석은 단순한 장신구를 넘어 인간의 존재를 기억하는 감정의 조형물이 됩니다.

김병현의 우승반지를 AI로 재구성.

보석, 기억하다

Special Features | 가치란 무엇으로 만들어지는가?

김환기의 작품 우주를 AI로 재구성.

14 김환기의 우주

'작은 점 속에 담긴 우주의 기록'

한 점에서 하늘과 우주로 이어지는 그림, 김환기의 '점'을 아시나요? 그 점이 들려주는 조용한 우주의 이야기는, 사실 보석의 가치와도 깊게 닮아 있습니다.

우리는 보석을 볼 때 보통 겉모습에 집중합니다. 크기, 색, 반짝임, 커트의 정교함 등 눈에 보이는 것들만 살피죠. 하지만 김환기의 작품에서처럼, 보석을 바라볼 때도 단순히 눈으로 보이는 것만이 전부가 아닙니다.

보석의 진정한 가치는 그 안에 담긴 자연의 시간과 흔적, 그리고 인간의 손길에 있습니다. 원석 하나에는 수백만 년 동안 지구 속에서 쌓인 압력과 열, 화학적 변화가 고스란히 담겨 있습니다. 다이아몬드의 투명함, 사파이어의 깊은 색, 에메랄드의 생기 있는 초록빛은 우연히 만들어진 것이 아니라, 자연이 오랜 시간을 거쳐 만들어낸 '점'들의 축적입니다.

그리고 그 원석에 인간의 손길이 더해집니다. 연마사는 단순히 돌을 깎는 것이 아니라, 보석 안에 담긴 시간을 읽고, 빛과 색을 최적화하며 그 가치를 극대화합니다. 점 하나, 또 하나의 컷과 연마, 폴리싱 과정은 단순한 기술이 아니라, 보석에 생명과 이야기를 불어넣는 시간의 축적입니다.

마침내 완성된 보석은 단순한 장신구가 아닙니다. 작은 점 하나하나가 모여 하늘을 이루듯, 자연과 인간, 그리고 시간의 흔적이 모여 그 가치를 완성합니다. 그 안에는 소리 없는 대화, 침묵 속의 리듬, 그리고 우주의 질서가 담겨 있습니다.

보석 앞에 선 우리는 더 이상 단순히 장신구를 보는 사람이 아닙니다. 자연이 만든 시간과 인간의 창의, 세월이 만든 이야기에 공감하며, 그 보석과 연결된 존재가 됩니다. 김환기의 점이 우리에게 "너도 우주의 한 점이야."라고 속삭이듯, 보석 역시 말없이 우리에게 이렇게 말합니다.

"너도 자연과 시간, 인간의 손길이 만든 특별한 존재야."

작고 미미해 보이는 원석 하나에도 우주와 시간이 담겨 있고, 그 속에서 보석은 하늘이 되고, 우주가 되며, 우리의 삶과 순간을 더욱 특별하게 만들어 줍니다.

김성기의 인문학 보석으로 읽는

Birth of life. ⓒ예명지 교수

GEMS 04

보석,
연결하다

Sympathy

GEMS | Sympathy 보석, 연결하다
머물며 이어지는 빛

Mystic Green, ⓒ제마트

1 정밀함보다 진심이 오래 반짝인다.

오늘날 우리는 인공지능[AI]과 로봇과 같은 첨단 기계들이 주얼리 제품을 만드는 시대에 살고 있습니다. 기술은 더 빠르고 더 정밀하게 형태를 구현하지만, 사람들은 여전히 누군가의 손길이 닿은 보석, 그리고 그 안에 이야기가 담긴 반지를 더 소중히 여깁니다. 이유는 단순합니다. 보석은 기술로 만들어질 수 있어도, 기억과 감정은 사람의 마음에서 비롯되기 때문입니다.

기계는 완벽한 대칭을 구현할 수 있지만, 누군가가 직접 고른 작은 반지 하나에는 말로 표현하기 어려운 마음이 담겨 있습니다. "이 반지는 그날, 그 사람의 마음을 담고 있었어요."라는 말처럼, 보석은 정밀함보다 감정의 방향을 향해 존재합니다. 형태가 아니라, 이유가 기억을 남깁니다.

같은 디자인, 같은 재료일지라도 누가 어떤 마음으로 건넸는가에 따라 보석은 전혀 다른 가치를 지닙니다. "이건 비싼 건 아니지만, 나를 응원하던 친구가 선물한 거에요."라는 말 속에 담긴 의미는 가격으로 환산되지 않습니다. 그 반지는 장식이 아니라 관계의 흔적이며, 시간을 통과해 머무는 감정의 조각입니다.

기술은 끊임없이 발전하지만, 사람은 여전히 공감을 원합니다. "나를 위해 골라줬다."는 확신, "나만을 생각하며 만들었다."는 감각은 여전히 사람의 손과 마음에서만 시작됩니다. 그래서 보석은 꼭 완벽할 필요가 없습니다. 오히려 아주 작고 따뜻한 결함이 있을수록, 우리는 그 안에서 누군가의 진심을 느낍니다.

AI가 디자인하고, 3D 프린터가 제작한 반지도 결국 누가 왜 그 보석을 선택했는지를 통해 의미가 생깁니다. 기술은 형태를 만드는 도구일 뿐이며, 그 보석을 간직할 이유를 만드는 것은 사람의 마음입니다. 정교함은 빠르게 복제되지만, 진심은 한 사람의 감정을 따라 하나뿐인 무늬로 남습니다.

그래서 우리는 여전히 가장 정교한 커팅보다, 가장 따뜻한 마음이 담긴 반지를 더 오래 간직합니다. 보석은 기술이 완성하는 것이 아니라, 누군가를 생각한 마음에서 완성됩니다.

다이아몬드 세팅. ⓒ최옥남 명장

2 보석으로 다시 이어지는 관계

    우리는 더 이상 손편지를 쓰지 않아도, 누군가의 마음을 실시간으로 확인할 수 있는 시대에 살고 있습니다. 감정은 이모지^{emoji}로 표현되고, 연결은 클릭 한 번으로 이루어집니다. 그러나 그럼에도 불구하고 여전히 어떤 마음은 화면 너머로 전달되지 않습니다. 오히려 디지털이 넘칠수록, 물리적인 감정의 실체가 그리워지는 순간이 더 자주 찾아옵니다. 그래서 사람들은 중요한 마음을 전할 때, 작은 보석을 선택합니다. 반지는 화해의 말을 대신하고, 목걸이는 감사의 마음을 품고, 팔찌 하나가 끊어진 인연을 다시 이으려는 다짐이 됩니다.

    보석은 문자보다 느리지만, 더 오래 남습니다. 전송 버튼 하나로는 전할 수 없는 고마움, 미안함, 그리움, 사랑이 고르고, 감싸고, 건네는 시간 속에 차곡차곡 담깁니다. 같은 반지라도 누구의 손에서 왔는지, 어떤 마음이 깃들었는지에 따라 전혀 다른 울림을 가집니다. "이건 엄마가 널 위해 고른거야.", "그땐 미안했어. 이걸로 내 마음이 닿았으면 좋겠어."라는 짧은 말과 함께 건네진 보석은, 말로 다 전할 수 없는 감정을 대신 품어 줍니다. 그렇게 보석은 관계의 끊어진 고리를 조용히, 그러나 깊이 있게 이어줍니다.

기술은 빠르게 마음을 전달하지만, 보석은 천천히 관계를 회복합니다. 특히 세대 간의 거리, 지리적 단절, 혹은 감정적 어긋남이 생긴 순간, 보석은 다시 말 걸기 위한 가장 정중한 언어가 됩니다. 가족 간에, 연인 간에, 오랜 친구 사이에서, 우리가 다시 가까워지고 싶을 때 가장 먼저 꺼내 드는 건 가벼운 메시지가 아니라 묵직한 의미가 담긴 물건입니다. 디지털은 연결의 속도를 높여 주지만, 감정을 잇는 깊이는 오히려 아날로그적인 물성 속에서 완성됩니다. 그래서 우리는 지금도 가장 진심으로 마음을 전하고 싶을 때, 여전히 보석을 선택합니다.

이제는 취향 분석을 통해 맞춤형 주얼리를 추천하고, 메타버스 속에서 가상 반지를 교환하며, 보석 구매의 대부분이 온라인으로 이뤄지는 시대입니다. 하지만 이 모든 기술은 감정이 먼저일 때 비로소 의미를 갖습니다. 누군가를 떠올리며 고른 한 조각의 펜던트, 다시 말 걸고 싶어서 준비한 귀걸이 한 쌍. 기술이 선택을 도와줄 수는 있어도, 감정의 진정성과 그 무게를 느끼고 결정하는 일은 결국 사람의 몫입니다. 연결은 기술로 시작되지만 감정으로 완성됩니다.

보석은 관계를 기념하는 것이 아니라, 관계를 다시 시작하게 만드는 시발점이 됩니다. 그 반짝임은 말보다 더 깊은 언어이며, 그 작은 무게는 우리의 마음을 다시 붙잡는 고리가 됩니다. 오늘도 누군가는 이별 뒤의 반지를 꺼내 들고, 어떤 이는 화해의 의미로 목걸이를 준비합니다. 관계는 말보다 손끝에서 이어질 때 더 오래갑니다. 그리고 그 손끝에는, 언제나 작은 보석 하나가 있습니다.

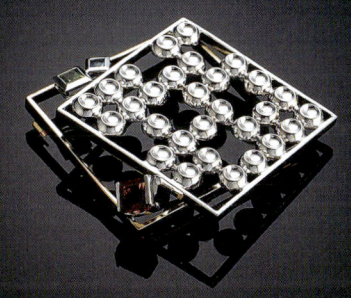

2007 漸移 Ⅲ. ©김민호 교수

3 보석은 삶의 타임캡슐

어떤 감정은 그 순간을 지나고 나면 다시 붙잡기 어렵습니다. 그래서 우리는 기념일에 반지를 선물하고, 특별한 날에는 스스로에게 목걸이를 건넵니다. 형태는 작지만, 그 안에는 말로 설명할 수 없는 감정이 담깁니다. 보석은 그렇게, 감정이 머물렀던 시간을 기억하게 하는 하나의 장치가 됩니다.

스마트 반지를 통해 심박수나 체온을 기록하고 저장하는 등, 요즘에는 기술이 그 감정의 흔적을 더 오래 붙들어주는 도구가 되기도 합니다. 어느 날의 떨림이나 다짐, 혹은 눈물까지도 조용히 남아 있을 수 있다면, 그것은 보석이 단지 몸에 닿는 물건이 아니라 마음의 기록이 되는 순간이기 때문입니다.

하지만 보석이 타임캡슐이 되는 진짜 이유는, 기술 때문이 아닙니다. 중요한 건 '이 보석을 왜 골랐는가?'에 대한 이야기입니다. 어떤 결심을 하던 날, 누군가의 마음을 받던 날, 혹은 혼자였지만 스스로를 다독이던 날, 그 감정을 기억하고 싶어졌을 때 우리는 보석을 선택합니다. 그것은 잊히지 않기를 바라는 마음, 언젠가 다시 꺼내보고 싶은 시간에 대한 소망입니다.

그래서 보석은 시간과 감정이 만나는 가장 조용한 물건입니다. 누군가에겐 오래 전 부모가 선물한 목걸이, 또 다른 누군가에겐 사랑을 고백하던 날 손에 쥐었던 반지가 될 수 있습니다. 보석을 다시 손에 쥐는 순간, 그날의 마음이 다시 떠오르는 이유는 그 반짝임이 단지 빛나기만 해서가 아니라, 내 삶의 한 장면을 품고 있기 때문입니다.

기술은 그 기억을 조금 더 구체적으로 남겨주는 도구일 뿐, 결국 사람은 여전히 감정을 담기 위해 보석을 선택합니다. 형태는 작아도 그 안에 담긴 마음은 결코 작지 않기 때문입니다. 보석은 시간을 붙들고 감정을 담아내는 작은 타임캡슐이자, 언젠가 다시 꺼내볼 수 있는 나만의 이야기입니다.

漸移 CRYSTAL IV. ©김민호 교수

Aura Tara Bracelet. ⓒ박진영 디자이너

4 감정의 알고리즘, 보석을 고르는 새로운 방식

　과거에는 예쁘니까, 유행하니까 고르던 반지 하나가, 지금은 내가 어떤 상태인지, 어떤 감정을 기억하고 싶은 지를 반영하여 선택됩니다. 이제 사람들은 자신의 취향, 감정, 삶의 순간에 맞는 보석을 원하고, 감정의 알고리즘은 이를 도와주는 조용한 안내자가 되어주고 있습니다.

　감정의 알고리즘은 그 사람의 상태와 취향을 바탕으로 맞춤형 보석을 제안합니다. 나도 몰랐던 감정의 결을 비추어주고, 반복된 선택 안에서 숨은 감정의 패턴을 보여주기도 합니다. 특정 날 유독 자주 고르게 되는 색, 어느 계절마다 끌리는 디자인은 때때로 마음의 무의식을 건드리기도 합니다.

　하지만 중요한 건, 그 선택의 중심에는 여전히 나 자신이 있다는 점입니다. 기술은 방향을 제시할 수는 있어도, 왜 이 보석이 좋은가, 무엇을 남기고 싶은가를 결정하는 건 나의 감정입니다. 내가 어떤 마음으로 이 반지를 고르게 되었는지, 그날의 선택은 결국 다시 나를 설명하는 한 줄의 이야기로 남습니다.

보석을 고른다는 것은 이제 감정의 지도를 따라 걷는 여정입니다. 사람들은 그 빛나는 조각을 통해 스스로를 탐색하고, 현재의 나를 보다 정교하게 들여다봅니다. 같은 디자인, 같은 소재라도 지금의 나를 위로하거나 기념하는 방식은 모두 다릅니다. 그 반짝임은 내 감정의 윤곽을 따라 빚어진 고유한 언어처럼 다가옵니다.

보석은 여전히 손끝에서 반짝이지만, 그 안에 담긴 의미는 점점 더 깊고 개인적인 차원으로 확장되고 있습니다. 외형의 아름다움을 넘어서, 감정을 읽고 기억하며 삶의 순간을 기록하는 감성의 매개. 기술은 그 여정을 비추는 등불이 되고, 우리는 그 빛 아래에서 더 정확하게 나 자신을 발견해갑니다.

©Shubham Dhage / Unsplash

5 화면 속 반짝임, 버추얼 주얼리의 시대

디지털 세상에서도 사람은 여전히 반짝임을 갈망합니다. 메타버스^{Metaverse}, SNS^{Social Networking Service}, 가상현실^{Virtual Reality} 속에서 착용할 수 있는 버추얼 주얼리^{Virtual Jewelry}는 이제 하나의 문화가 되었습니다. 이 보석들은 물리적으로 존재하지 않지만, 디지털 아바타를 꾸미고 정체성을 표현하며, 가상의 공간에서 존재를 증명하는 수단으로 자리 잡고 있습니다. 화면 속에서 반짝이는 이어링, 얼굴에 덧씌워지는 필터 반지, VR 속에서만 존재하는 왕관은 단순한 장식이 아니라 나의 또 다른 자아를 드러내는 방식입니다.

가상 공간에서의 꾸밈은 이제 더 이상 게임의 일부나 일시적인 유행이 아닙니다. Z세대와 알파세대는 이미 메타버스 공간에서 친구를 만나고, 디지털 아이템을 거래하며, 자신의 디지털 정체성을 꾸밉니다. 이 과정에서 버추얼 주얼리는 중요한 상징이 됩니다. 현실에서는 갖기 어려운 화려한 보석을 가상 공간에서는 자유롭게 착용할 수 있고, 현실에서의 나와는 전혀 다른 모습을 연출할 수 있습니다. 그 자유는 새로운 감정의 해방이자,

물리적 제약에서 벗어난 창의성의 표현입니다.

버추얼 주얼리는 또한 소셜 미디어 상에서 점점 더 자연스럽게 자리잡고 있습니다. 인스타그램, 틱톡, 유튜브의 AR$^{Augmented\ Reality}$필터는 사용자들이 자신의 얼굴에 디지털 보석을 덧입히는 기능을 제공합니다. 특정 브랜드는 실제 주얼리 제품을 먼저 버추얼로 공개하고, 그 반응을 바탕으로 실물 제작을 결정하기도 합니다. 이처럼 '디지털 먼저$^{Digital-first}$'의 흐름 속에서, 버추얼 보석은 단지 체험을 넘어서 소비의 방향까지 바꾸고 있습니다.

무엇보다도 주목할 점은, 이러한 버추얼 주얼리가 감정의 통로로 작동하고 있다는 사실입니다. 현실에서는 표현하기 어려운 감정, 전하고 싶은 의미를 가상의 공간에서 시각적으로 구현할 수 있다는 점에서, 보석은 디지털 환경에서도 여전히 감정의 언어로 기능합니다. 특정 색의 광채로 슬픔이나 기쁨을 표현하고, 기념일에는 특별한 반짝임으로 상대방에게 마음을 전하는 방식은 새로운 형태의 소통입니다.

물리적 소유가 아닌 디지털 경험을 중심으로 한 소비는, 소장 가치보다 공유와 상호작용의 가치를 중시합니다. 사람들은 보석을 소유하는 대신, 표현하고 경험하고 연결하는 방식으로 다가가기 시작했습니다. 버추얼 주얼리는 이러한 흐름의 중심에 있으며, 단지 외형적 아름다움이 아니라 정체성, 감정, 상상력의 표현이 됩니다.

그리고 이 반짝임은 실체가 없다고 해서 덜 진실되지 않습니다. 오히려 그것은 새로운 방식의 진정성입니다. 현실에서의 내가 어떤 제약 속에 있다면, 가상 공간에서의 나는 그 제약을 벗어나 더 진솔하게 감정을 드러낼 수 있습니다. 현실의 언어가 닿지 못하는 곳에 디지털 보석이 말을 걸어옵니다. "이건 지금의 나를 표현한 빛이야." 그렇게 우리는 실체 없는 반짝임 안에서 실재보다 더 가까운 감정을 마주하게 됩니다.

보석은 이제 우리 정체성의 일부, 감정의 통로, 연결의 방식으로 진화하고 있습니다. 눈에 보이되 손에 잡히지 않는 이 새로운 반짝임은, 기술과 감성이 만들어낸 미래의 장신구이며, 우리 시대의 새로운 아름다움입니다.

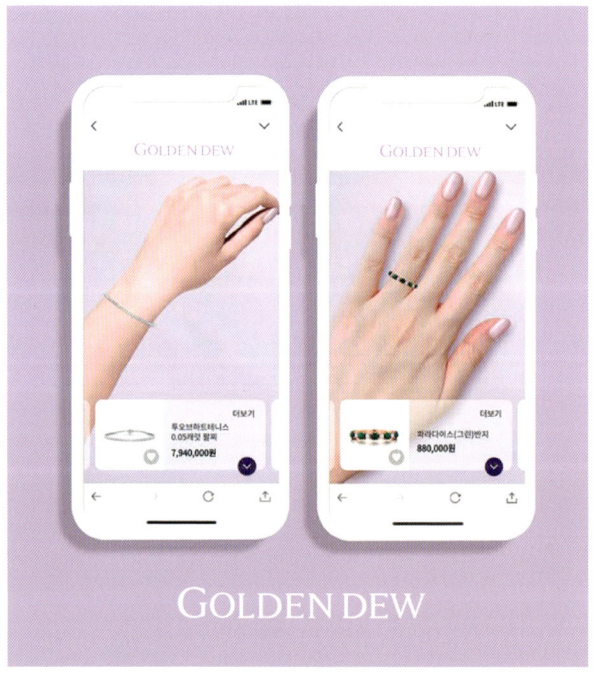

골든듀의 'AR 가상착용' 서비스. ©GOLDEN DEW

6 감정을 잇는 보석, 기술로 확장된 공감

　예전에는 감정을 전하기 위해 예쁜 편지지를 준비하고, 마음을 전하는 한 문장을 만들기 위해 글을 쓰고, 지우곤 했습니다. 그러나 이제는 작은 보석 하나가, 그 사람에게 당신의 감정을 실시간으로 전달할 수 있습니다. 색 변화, 온도 감지, 심박, 촉각 피드백 등 기술의 발전은 보석을 느낌을 전하는 도구로 변화시키고 있습니다. 그것은 말보다 빠르고, 문자보다 섬세하며, 감정 그 자체로 닿는 새로운 방식입니다.

　감정 감지 센서를 탑재한 목걸이와 반지는 사용자의 심박수, 체온, 피부 전도도 등을 감지해 현재 감정 상태를 분석합니다. 그 정보는 블루투스나 와이파이를 통해 연결된 사람에게 전송됩니다. 예를 들어, 연인의 반지가 서로 연결되어 있어 상대방이 긴장하거나 설렘을 느끼면 조용히 미세한 진동이 울립니다. 혹은 특정 감정에 따라 보석의 색이 바뀌어 상대방의 기분을 시각적으로 표현합니다. 말없이도 서로의 감정을 교감할 수 있는 이 기능은, 보석을 단순한 장신구에서 관계의 확장 장치로 진화시키고 있습니다.

이러한 보석은 멀리 떨어져 있는 사람들의 연결을 돕는 감성적 기술이기도 합니다. 타지에서 공부하는 자녀가 부모에게 감정을 전하거나, 서로 다른 시간대를 살아가는 연인들이 실시간으로 감정을 주고받는 일. 일상 속의 작고 소중한 감정들이 기술을 통해 전달될 때, 보석은 단순한 소유가 아니라 소통의 매개로 기능합니다. 더 이상 감정은 말이나 표정에만 의존하지 않습니다. 보석이 감정을 대신 전해주는 시대, 우리는 더욱 세밀한 방식으로 서로를 이해하고 연결될 수 있습니다.

또한, 이러한 기능성 보석은 감정 인식의 한계를 넘어 감정 관리의 가능성까지 열어줍니다. 사용자의 감정 이력을 분석해 스트레스가 높을 때는 부드러운 촉각 신호로 진정을 유도하거나, 슬픔이 감지되면 따뜻한 색조의 빛으로 위안을 주는 방식입니다. 이처럼 보석은 인간의 감정 곁에서 반응하고, 위로하고, 반짝이는 존재가 됩니다. 그것은 눈에 보이는 장신구가 아니라, 정서의 흐름을 읽고 함께 움직이는 감성 인터페이스인 셈입니다.

보석에 감정이 담긴다는 말은 이제 은유가 아닙니다. 실제로 감정을 읽고, 분석하고, 전송하고, 반응하는 기술이 내장된 이 보석들은, 우리가 서로를 더 잘 이해하고 돌볼 수 있게 합니다. 그 안에는 인간이 기술에게 바라는 가장 본질적인 욕망, 서로 연결되고 싶다는 마음이 담겨 있습니다. 기술은 점점 더 섬세하게 감정을 해석하고, 보석은 그 감정을 더 가까이, 더 따뜻하게 전합니다.

그래서 우리는 이제 보석을 고를 때, 어떤 디자인이 예쁜가를 넘어, '이 보석이 내 감정을 어떻게 전달할 수 있을까?'를 함께 고민하게 됩니다. 감정을 실어 보내는 그 작은 움직임 하나하나가 관계를 조금 더 깊게 만들고, 서로의 존재를 조금 더 선명하게 느끼게 해주기 때문입니다.

보석은 오랜 시간 동안 감정의 상징이었습니다. 이제는 감정을 실시간으로 전송하는 기술이 그것을 현실로 만들었습니다. 반짝이는 외형 속에 담긴 진동 하나, 색의 변화 하나가 누군가에게는 깊은 위로가 되고, 누군가에게는 애틋한 연결이 됩니다. 그렇게 보석은, 여전히 감정을 반짝이는 방식으로 전달하고 있습니다, 이제는 디지털이라는 새로운 언어로!

ALHAMBRA-RING. ⓒ강민정 교수

아쿠아마린 귀걸이. ⓒ박혜미 디자이너

7 이름 없는 브랜드, 의미로 연결되는 보석들

　보석의 세계에서도 '이름값'만이 가치의 기준이 되는 시대는 지나가고 있습니다. 일반적으로는 브랜드가 보석의 가치를 규정합니다. 유명한 로고와 화려한 매장은 신뢰의 상징이자 지위의 표식이었고, 사람들은 브랜드의 이름을 통해 자신의 취향과 능력을 설명하곤 했습니다. 그러나 오늘날의 보석 소비는 점점 더 '이름 없는 의미'에 끌리고 있습니다. 사람들은 로고보다 이야기, 가격표보다 진심, 트렌드보다 자신만의 해석을 담을 수 있는 보석을 찾습니다.

　SNS와 커뮤니티, 디지털 플랫폼의 확산은 브랜드 없는 보석이 공감으로 연결될 수 있는 통로를 열어주었습니다. 누군가가 올린 직접 만든 반지, 작은 공방에서 제작된 단 하나의 귀걸이, 작가의 사연과 함께 만든 목걸이는 더 이상 무명의 장신구가 아닙니다. 그것은 나와 누군가를 연결해주는 이야기의 매개이며, 손에 쥔 순간 내 감정에 온전히 맞닿는 의미의 조각이 됩니다.

이 변화는 단순한 취향의 다변화를 넘어서, 연결 방식의 변화를 보여줍니다. 브랜드는 더 이상 단일한 목소리로 소비자를 이끄는 존재가 아니라, 수많은 개인 창작자들과 사용자의 교류 속에서 재정의됩니다. 사람들은 자신의 경험과 감정에 맞는 보석을 찾기 위해 스스로 더 깊이 탐색하고, 더 진정한 의미를 부여할 준비가 되어 있습니다. 누군가에게는 떠난 반려동물을 기억하는 펜던트가, 또 다른 이에게는 첫 월급으로 산 신인디자이너의 반지가 그 어떤 명품보다 더 값진 보석이 됩니다.

이름 없는 브랜드의 보석은 질문을 던지게 합니다. "이건 어디에서 샀어?"가 아니라, "왜 이걸 골랐어?"라는 질문. 이때 보석은 단순한 대상이 아니라 대화를 열고, 감정을 공유하며, 세대와 삶을 잇는 상징이 됩니다. 우리는 로고로 기억되는 시대에서, 의미로 연결되는 시대로 옮겨가고 있는 중입니다.

기술이 이 흐름을 더 강하게 뒷받침합니다. 디지털 커머스는 작고 개성 있는 제작자들에게 새로운 무대를 열어주고, 블록체인은 작품의 진위성과 정체성을 보장합니다. AI는 창작자의 철학과 소비자의 감정을 매칭하고, 메타데이터는 보석이 지닌 이야기를 추적 가능한 기록으로 남깁니다. 브랜드가 아닌 스토리가 중심이 되는 생태계, 그것이 지금 보석이 다시 사람과 연결되는 방식입니다.

보석은 이제 '누가 만들었는가?'보다, '왜 만들었는가?'를 묻는 흐름 속에 놓여 있습니다. 이름 없는 브랜드는 결코 정체성이 없는 것이 아닙니다. 오히려 그 안에는 수많은 감정, 사연, 의미가 층층이 쌓여 있습니다. 그리고 그 반짝임은, 로고보다 오래 남습니다.

바이올린. ⓒ최옥남 명장

8 영화 속 명장면과 함께한 보석

　영화는 감정과 이미지가 교차하는 예술입니다. 그 안에서 보석은 단순한 소품을 넘어, 서사의 감정적 밀도를 높이는 장치로 사용됩니다. 특정 장면에서 반짝이는 보석 하나는, 인물의 감정 상태를 비추고, 관계의 전환점이나 인물의 운명을 암시하는 상징으로 기능합니다. 대사는 잊힐 수 있어도, 보석이 남긴 인상은 오래도록 관객의 기억을 붙잡습니다.

　예컨대, 영화 『타이타닉Titanic(1997)』의 하트 오브 더 오션Heart of the Ocean 목걸이는 단순한 고가의 선물이 아닙니다. 신분 차이, 금지된 사랑, 그리고 기억의 무게까지 이 목걸이는 복합적인 감정을 품고 있습니다. 노년의 로즈가 그 보석을 바다로 돌려보내는 장면은 물질적 소유를 넘어선 감정의 해방을 시각화한 상징적 장면입니다. 이는 보석은 감정을 담아내는 그릇이라는 점을 인상적으로 보여줍니다.

『오션스 8^{Ocean's 8(2018)}』에 등장하는 까르띠에^{Jeanne Toussaint Necklace by Cartier} 목걸이는 화려함의 외피를 입고 있지만, 실은 자본과 권력, 그리고 여성 연대라는 서사의 중심 장치로 작용합니다. 이 목걸이는 단순히 훔쳐지는 대상이 아니라, 연대와 전략, 자아의 표현이 어떻게 감정을 연결하는지를 드러냅니다. 보석은 이처럼 영화 속에서 등장인물 간의 숨겨진 감정과 의미를 가시화하는 실마리가 됩니다.

보석이 등장하지 않는 영화『브로크백 마운틴^{Brokeback Mountain(2005)}』에서는 오히려 존재하지 않는 반지가 큰 감정적 울림을 남깁니다. 두 남성의 사랑이 사회적으로 허용되지 않았던 시대에서, 그들은 끝내 약속의 반지를 나누지 못합니다. 이 부재는 보석이 가지는 의미, 즉 감정의 증표로서의 보석이 없기에 생기는 정서적 결핍을 오히려 더 극적으로 보여줍니다.

『프리티 우먼^{Pretty Woman(1990)}』의 루비 목걸이는 관계의 전환점을 시각적으로 보여주는 대표적인 사례입니다. 주인공에게 건넨 목걸이는 신분 상승의 제스처처럼 보이지만, 실은 진심 어린 인식의 변화, 존중과 감정적 접근을 상징합니다. 목걸이가 던지는 감정의 울림은 그 장면 전체를 더욱 따뜻하게 기억하게 만듭니다.

이처럼 영화 속 보석은 단순한 장식을 넘어, 감정의 매개이자 기억의 연결고리로 작동합니다. 보석이 인물의 감정선, 이야기의 구조, 관객의 감정과 맞닿는 접점을 만들어 냄으로써, 우리는 스크린 너머에서도 그 반짝임을 감정적으로 체험하게 됩니다. 그리고 그 감정은 단지 서사의 일부가 아닌, 우리 삶의 일부로 이어지는 잔상으로 남습니다.

Autumn wind scent. ⓒ김주연 디자이너

9 오페라의 무대 위, 상징의 반짝임

　오페라는 예술의 총체입니다. 음악, 극, 무대미술, 조명, 그리고 의상이 결합된 그곳에서 보석은 단순히 아름다움을 보여주는 도구를 넘어서, 인물의 감정과 정체성을 시각화하는 역할을 합니다. 반짝임 하나에도 감정의 변화와 관계의 흐름이 실리고, 무대 위 보석은 감정의 고조와 해소를 감각적으로 이끌어냅니다.

　베르디Giuseppe Verdi(1813-1901)의 『라 트라비아타La Traviata(1853)』는 그 대표적인 예입니다. 주인공 비올레타는 화려한 다이아몬드와 진주로 장식된 모습으로 처음 등장하지만, 극이 전개되며 그 보석들은 하나 둘 사라집니다. 마지막 장면에서는 거의 아무 장신구 없이 무대에 선 그녀의 모습은 외적인 화려함이 사라진 뒤 드러나는 진정한 감정과 존재의 본질을 시각적으로 강조합니다. 보석은 그 여정 속에서 감정의 막을 여닫는 장치로 작동합니다.

비제^{Georges Bizet(1838-1875)}의 『카르멘^{Carmen(1875)}』에서 붉은 보석들은 주인공의 열정, 위험, 자율성, 그리고 비극적인 종말을 예고하는 상징으로 기능합니다. 귀걸이와 브로치, 혹은 드레스의 장식에 들어간 붉은 반짝임은 그녀의 성격을 시각적으로 강화하며, 그 감정의 흐름이 음악과 맞물려 폭발적인 정서를 관객에게 전달합니다. 그 보석은 단지 아름다움을 위해서 존재하는 것이 아니라, 카르멘이라는 인물 전체를 감싸는 감정적 아우라입니다.

푸치니^{Giacomo Puccini(1858-1924)}의 『투란도트^{Turandot(1926)}』에서는 차가운 푸른빛의 보석들이 공주의 감정 상태를 상징합니다. 감정을 억누르고 사랑을 두려워하는 투란도트의 내면은 사파이어처럼 냉정하고 단단합니다. 그녀가 점차 사랑을 받아들이게 되는 순간, 그 푸른빛이 연하게 변하며 조명과 함께 감정의 해빙을 시각적으로 전달합니다. 보석은 이처럼 무언으로 감정을 표현하는 조형언어가 됩니다.

오페라의 아리아가 감정을 음성으로 퍼뜨린다면, 무대 위 보석은 그것을 시각적으로 응축하는 장치입니다. 노래, 조명, 무대 동선과 함께 보석은 이야기의 정점을 형성하는 순간마다 빛나며, 관객의 감정을 매 순간 끌어당기는 실시간 감정의 시그널이 됩니다.

무대 위 보석은 감정과 시간, 서사와 상징이 교차하는 접점입니다. 그 반짝임은 단순히 조명의 결과가 아니라, 인물의 감정에 반응하는 예술의 일부로 기능합니다. 오페라의 감정은 단지 들리는 것이 아니라, 보석의 섬세한 움직임을 통해 눈으로도 느껴지는 것이 됩니다. 그리고 그것이 관객의 감정 속에 남겨지는 순간, 보석은 단순한 소품이 아닌, 연결의 기호가 됩니다.

AI로 재구성.

10 NFT 보석, 연결의 방식이 바뀌다

    보석은 오랫동안 사랑의 약속, 사회적 지위, 감정의 상징으로 존재해 왔습니다. 그러나 이제 사람들은 새로운 질문을 던지기 시작합니다. '보석은 꼭 물질이어야만 하는가?' '소유는 반드시 손에 잡히는 형태여야만 의미가 있는가?' 이 질문은 단순한 기술 호기심이 아니라, 감정과 정체성을 인식하는 방식이 변화하고 있다는 신호입니다. 그리고 그 변화의 한 단면으로 NFT 보석이 등장했습니다.

    NFT는 'Non-Fungible Token(대체 불가능 토큰)'의 줄임말로, 블록체인 기술을 기반으로 디지털 자산의 고유성과 소유권을 증명합니다. 복제와 공유가 쉬운 디지털 세계 속에서, NFT는 각 파일에 고유한 이력을 부여해 단 하나의 디지털 진본을 가능하게 합니다. 즉, 복제가 가능한 이미지가 아닌, 정체성과 기록을 담은 고유한 디지털 보석이 탄생한 것입니다.

NFT 보석은 실체 없는 보석이 아니라, 감정과 이야기를 남기는 또 하나의 방식입니다. 블록체인에 기록된 소유 이력, 교환의 이유, 선택의 배경은 일종의 정서적 족보가 되어, 시간의 흐름 속에서도 감정의 맥락을 고스란히 담아냅니다. 하나의 파일이 감정의 기록이 되고, 하나의 픽셀이 기억의 매개가 되는 시대. 보석은 이제 물성의 반짝임을 넘어, 마음의 구조를 드러내는 디지털 상징으로 존재합니다.

물리적 보석이 몸을 위한 장신구였다면, NFT 보석은 정체성과 철학을 위한 코드가 됩니다. 디지털 공간에서의 자아 표현이 중요해진 지금, 사람들은 아바타에 목걸이를 걸고, SNS에 반지를 연동하며, 블록체인에 기억을 남깁니다. 이제 보석은 꾸미기 위한 대상이 아니라, 내가 무엇을 중요하게 여기며 살아가는지를 보여주는 감정의 선택이 됩니다.

NFT 보석은 또 하나의 의미에서 지속 가능한 소유를 상징합니다. 채굴이나 희귀 자원에 기반하지 않고도 감정과 예술을 나눌 수 있다는 점에서, 새로운 윤리적 보석의 형태로 해석되기도 합니다. 물질의 고통 없이 존재하는 아름다움, 누구나 접근할 수 있는 감정의 증표라는 면에서 NFT 보석은 태도로서의 선택이 됩니다.

우리는 더 이상 이 보석이 진짜인가를 묻지 않습니다. 대신 이렇게 묻습니다.
"이 보석은 어떤 이야기를 품고 있는가?"

Illusion Fantasy. ⓒ김지현 디자이너

11 다가올 세대는 어떻게 보석을 소비할까

　보석은 더 이상 특정 계층이나 세대를 위한 전유물이 아닙니다. 앞으로 다가올 세대의 소비자들은 보석을 바라보는 시선과 사용하는 방식에서 과거와는 다른 흐름을 만들어갈 것입니다. 이들에게 보석은 단순한 사치품이 아니라, 나를 드러내는 매체이자 감정과 태도의 표현 도구이며, 연결과 기억의 방식이 될 가능성이 큽니다.

　과거의 보석 소비가 브랜드, 재료, 희소성 같은 외적 기준에 치중했다면, 새로운 세대의 소비자들은 '왜 이 보석을 선택하는가?'라는 내적 서사에 주목할 것입니다. 그들은 이름보다 스토리를, 디자인보다 의미를 먼저 바라보며, 보석이 어떤 가치를 담고 있는지, 어떤 사람에 의해 만들어졌는지, 어떤 철학을 지녔는지를 중요하게 여깁니다. 작은 반짝임 속에서도 나를 표현하는 것, 지속 가능한 생산 과정, 감정이 담긴 소비라는 키워드가 이들의 선택을 이끌것입니다.

또한 이들은 브랜드에 기대기보다, 자신만의 조합을 통해 정체성을 만들어 갈 것입니다. 같은 디자인의 반지라도 어떤 손가락에 끼는지, 왼손인지 오른손인지에 따라 전혀 다른 의미를 부여합니다. 하나의 펜던트가 기념일의 증표가 되기도 하고, 마음을 다잡는 약속이 되기도 합니다. 보석은 단순한 장신구에서 감정과 시간을 매개하는 물건으로 자리매김하게 될 것입니다.

디지털 환경에서 성장한 이들은 오프라인 매장보다 온라인 플랫폼을 선호하고, 가상 착용 기술이나 3D 뷰어를 활용해 경험 중심의 소비를 즐길 것입니다. 새로운 보석 브랜드를 발견할 때도 SNS의 추천, 후기 영상, 창작자 인터뷰 등을 참고하며, 제품의 맥락을 함께 소비할 것입니다. 이들에게 보석은 단순히 예뻐서 사는 물건이 아니라, 나의 오늘을 선택하는 방식이 됩니다.

무엇보다 중요한 것은 감정의 진정성입니다. 고가의 제품이라도 그것이 누군가를 향한 진심이거나 나 자신을 응원하기 위한 선택이라면 충분히 가치 있는 소비로 여겨질 것입니다. 친구에게 건네는 응원의 목걸이, 연인의 첫 선물, 자신에게 주는 위로의 반지. 이러한 모습이 보석의 미래 소비 방식으로 자리잡을 수 있습니다.

다가올 세대에게 보석은 보이는 것보다 느껴지는 것이 될 것입니다. 반짝임은 여전히 중요하지만, 그 속에 깃든 이야기와 마음이 더 크게 작용합니다. 그래서 미래의 소비자들은 보석을 통해 이렇게 말할지도 모릅니다.

"이건 나의 선택이고, 나의 감정이고, 나의 기록이야."

이 새로운 소비 방식은 보석이 앞으로 어떤 모습으로 존재해야 하는지를 조용히 예고하고 있습니다.

보석으로 채워지는 여백. ⓒ최덕문 작가

12 디지털 시대의 실체 있는 가치를 찾다

우리는 지금 대부분의 대화를 메시지로 나누고, 감정을 이모지로 표현하며, 인간관계조차 로그인으로 연결되는 시대에 살고 있습니다. 정보는 빠르고, 접촉은 줄어들고, 모든 것이 가볍고 유동적입니다. 그런 흐름 속에서 사람들은 오히려 무게 있는 것, 변하지 않는 것, 실체가 있는 것을 더 간절히 찾고 있습니다. 그 중심에 바로 보석이 있습니다.

디지털 시대의 인간은 촉감을 그리워합니다. 스마트폰 화면 위로 흘러가는 정보는 기억되지 않고, 쉽게 삭제되며, 감정을 온전히 담지 못합니다. 이때 보석은 손끝에 감기고, 체온에 닿으며, 매일의 감정을 함께 겪는 물리적 동반자가 됩니다. "이건 진짜야."라는 감각은 디지털에서는 얻을 수 없는, 살아 있는 실체의 위로가 됩니다.

실체 있는 보석은 내 존재의 증거가 됩니다. 디지털 속 자아는 필터 되고 연출될 수 있지만, 내가 고른 보석, 손에 낀 반지, 피부 위에 남는 금속의 온기는 가짜일 수 없는 나의 감정을 증명합니다. "내가 이 반지를 고른 이유, 내가 이 귀걸이를 매일 착용하는 이유." 그 안에는 단순한 미적 취향이 아니라 나답게 살아가는 방식이 담겨 있습니다.

보석은 느림과 무게로 감정을 붙잡아줍니다. 디지털은 속도가 생명입니다. 즉시 반응하고, 빠르게 소비하며, 다시 다른 것으로 넘어갑니다. 그런 흐름에서 보석은 오히려 느린 선택 과정, 오랜 시간 착용을 통해 내 감정을 오래 머물게 하는 장치가 됩니다. 이건 지금 좋아서가 아니라 오래도록 소중하게 느끼고 싶어서 선택한 것입니다.

디지털 시대의 보석은 가치를 증명하는 것이 아니라, 가치를 느끼게 해주는 실체입니다. 보석은 이제 유행보다 오래 남고, 정보보다 감정을 품으며, 속도보다 무게를 담는 살아 있는 물성의 상징이자 디지털 피로 속 인간이 찾는 마지막 감각의 증거물입니다. 그래서 사람들은 여전히 화면 너머보다 손끝에, 클릭보다 촉감에, 팔로워followers 수보다 작고 단단한 반짝임에 위로를 받습니다.

결국 우리는 반짝임을 좇는 존재가 아니라, 그 반짝임 안에 머무는 감정과 기억을 소중히 여기는 존재입니다. 삶의 한 장면이자, 마음의 한 조각인 보석은 그렇게 오늘도 조용히 우리 곁을 지킵니다.

세상이 빠르게 흘러가도, 마음은 여전히 천천히 반짝입니다. 그리고 그 느린 반짝임이, 어쩌면 가장 오래 남는 진짜 빛일지도 모릅니다.

느낌. ⓒ강가람 기능장

13 시간이 지나도 그 자리에 남는 것

    살다 보면 문득 손에 잡히는 작은 물건 하나가 마음을 붙잡을 때가 있습니다. 오래된 반지, 어느 날의 귀걸이, 서랍 속에 묻혀 있던 펜던트 하나. 그것들은 값비싼 보석이 아닐 수도 있습니다. 하지만 그 안에는 오래전 누군가의 진심, 스스로도 잊고 있던 나의 감정, 어떤 순간의 공기가 고스란히 스며 있습니다. 보석은 그렇게 누군가의 마음이 스쳐간 자리, 또는 나 스스로의 감정이 머물렀던 순간에 남은 작고도 단단한 증거입니다.

    우리는 기록을 저장하고 나누는 수많은 기술 속에서 살아갑니다. 하지만 모든 기억이 오래 남는 것은 아닙니다. 사진은 포맷이 바뀌고, 말은 희미해지지만, 손끝에 남은 보석은 시간이 흘러도 감정을 되살리는 힘을 지닙니다. 그것은 시간을 거슬러 오르는 장치가 아니라, 감정이 응고된 조용한 물질이며, 그 형태는 사라지지 않는 기억의 무늬가 됩니다.

가끔은 아무렇지 않게 구입한 목걸이가 이별의 순간 가장 선명한 장면이 되기도 하고, 누군가의 응원이 담긴 반지가 긴 시간을 지나며 마음의 버팀목이 되기도 합니다. 그 보석은 말없이 함께했고, 그 시간을 통과하며 조용히 곁을 지켜주었습니다. 그래서 우리는 어떤 감정이 깊어질수록 무언가를 붙들고 싶어집니다. 보기 위해서가 아니라, 다시 느끼기 위해서입니다.

　보석은 누군가가 지나간 자리에 남긴 물질적인 인사이기도 합니다. 말하지 못한 작별, 건네지 못한 위로, 다시 돌아갈 수 없는 순간에 대한 애틋함이 보석의 형태로 남습니다. 그리고 그것은 시간을 지나 지금의 우리에게 말을 걸어옵니다.
　"그때도 너는 분명히 견뎠고, 사랑했고, 기억했어."

　앞으로의 보석은 이성과 감성, 기술과 전통이 조화를 이루며 새로운 가능성으로 나아갈 것입니다. 그러나 아무리 시대가 달라져도 결국 우리에게 오래 남는 것은, 누군가의 마음이 스쳐간 그 자리, 감정이 조용히 머물렀던 흔적입니다.

　보석은 그 자체로 의미를 발하지 않습니다. 진짜 반짝임은, 그것을 바라보는 우리의 눈 안에 있습니다. 사랑이 담긴 선물로, 누군가의 이야기를 품은 기억으로, 다시 꺼내어 보는 감정의 표식으로. 보석은 그것을 바라보는 우리의 태도에 따라 전혀 다른 가치를 지닙니다.

　그러니 부디, 다음에 반짝이는 보석을 마주하게 된다면, 그것의 크기나 가격보다는 그 안에 깃든 마음을 먼저 떠올려보시길 바랍니다. 보석은 단지 꾸미는 것이 아니라, 삶을 기억하는 방법이 될 수 있습니다. 가장 오래 남는 것은 결국, 진심이 지나간 자리에서 조용히 반짝이는 감정의 조각들입니다.

Special Features | 가시란 무엇으로 만들어지는가?

Rough Diamond. ©Korea jewelry Center

14 1캐럿 다이아몬드

시간과 자연, 희귀함이 담긴 삶의 기록...

1캐럿 다이아몬드는 자연이 오랜 시간에 걸쳐 만들어낸 희귀하고 완벽한 결정체 입니다.

수억 년의 압력과 열을 견디며 탄생한 다이아몬드는, 그 자체로 자연이 준 최고의 가치이자, 단순한 아름다움을 넘어 삶과 시간을 기록하는 상징이 됩니다.

여성들이 1캐럿 다이아몬드를 꿈꾸는 이유는 분명합니다.그것은 타인이 주는 사랑의 증표가 아니라, 자신의 삶과 시간을 인정하고, 스스로를 축하하며, 자존감을 드러내는 선택이기 때문입니다.

과거에는 보석이 누군가에게 받는 기념이었지만, 오늘날의 보석은 자신에게 주는 위로이자, 삶의 기록이 됩니다.

0.3캐럿이나 0.5캐럿도 충분히 아름답지만, 1캐럿은 자연이 만들어낸 희귀함과 완전함을 상징합니다.

그 크기와 무게에는 '이만큼 살아왔다.'는 삶의 기록과, '이제 나 자신을 당당히 사랑하겠다.'는 다짐이 담겨 있습니다.

자연이 만든 결정을 손에 쥔 순간, 우리는 자신이 겪어온 시간과 경험, 노력과 회복을 떠올리며, 그 모든 것을 인정할 수 있습니다.

다이아몬드는 자연이 준 최고의 가치를 품고 있습니다.

그 자체가 희귀하며, 오직 일부만이 손에 넣을 수 있고, 수많은 과정을 거쳐 빛나는 존재가 됩니다.

이 희귀함과 자연의 완성은 인간에게 존재와 삶의 의미를 느끼게 하는 상징이 됩니다.

1캐럿 다이아몬드는 단순한 숫자가 아니라, 자연과 시간, 희귀함이 만들어낸 삶의 기록과 자존감의 빛입니다.

승리의 상징이 될 수도, 회복의 기념일이 될 수도, 혹은 내면의 희망을 담은 메시지가 될 수도 있습니다.

그 모든 가치는 오직 자신을 위한 선택에서 비롯되며, 스스로에게 건네는 가장 아름다운 고백이 됩니다.

결국, 보석의 가치는 단순한 가격으로 평가되지 않습니다.

자연이 주는 최고의 가치, 희귀함, 시간과 사람의 경험이 결합될 때,

보석은 단순한 장신구가 아니라 삶을 기록하고 축하하며, 존재를 비추는 예술품이 됩니다.

- 참고 문헌 -

단행본

The Gemological Institute of America, 『Jewelry Essentials』, GIA, 2012

阿依アヒマディ, 『アヒマディ博士の宝石学』, アーク出版, 2019

YASUKAZU SUWA, 『GEM REFERENCE BOOK UNDERSTANDING VALUE』, Ark publishing Inc., 2019

Fran ois Farges, Olivier Segura, 『Discover Gems』, Ed. Dunod, 2023

원종옥, 『그림에서 보석을 읽다』, 이다미디어, 2009

이미지 제공 | 페이지 순

p16 / 야생화. ⓒ최옥남 명장

p19 / Octopus minor. ⓒ임희진 디자이너

p20 / VIOLET FANTASY. ⓒ강민정 교수

p22 / 내 아름다운 나라. ⓒ김선희 디자이너

p24 / Tempting darkness of night. ⓒ김주연 디자이너

p27 / 새롭게 태어나다 디디다. ⓒ김선희 디자이너

p29 / 위시 각인 반지. ⓒVerato Jewelry

p31 / 빛의 환희. ⓒ이우나 디자이너

p32 / Amethyst Bouquet. ⓒ제마트

p34 / 모닝듀2(M6) 반지. ⓒGOLDEN DEW

p36 / 순금 아기 띠 돌반지. ⓒVerato Jewelry

p38 / 선물. ⓒ이재흥 디자이너

p40 / 기억. ⓒ강가람 기능장

p43 / Locket pendant Onyx bezel setting NK. ⓒ박성섭 작가

p44 / 장수(長壽). ⓒ이호철 교수

p46 / 베이직 담수진주 귀걸이. ⓒDorocy Jewelry

p48 / "백자 달항아리, 조선 후기(18세기 후반). 메트로폴리탄 미술관 소장.
Photo: The Metropolitan Museum of Art. ⓒ Open Access, Public Domain"

p50 / Cupid. ⓒ우하나 디자이너

p53 / 우주의 보석. ⓒ최덕문 작가

p54 / 마이 시그니처 이블아이 참 펜던트. ⓒDorocy Jewelry

p56 / 다가가지 못하는 길목. ⓒ이우나 디자이너

p58 / 번개(Éclair). ⓒ김미은 디자이너

p61 / 불꽃처럼. ⓒ손유학 디자이너

p63 / 모닝듀2(M4) 반지. ⓒGOLDEN DEW

p64 / 제트 비드 목걸이와 원석 조각들. ⓒKorea jewelry Center

p66 / 위 다이아몬드 연마. ⓒ김풍근 다이아몬드 연마사, 아래 황수정 연마 ⓒ송건현 보석연마사

p69 / Rotatable Onyx bezel setting ring. ⓒ박성섭 작가

p70 / 생명. ⓒ강명균 교수

p72 / 동반. ⓒ손유학 디자이너

p74 / [마르스마크] Signature MM-T Ring. ⓒDorocy Jewelry

p76 / 덕분에 반지. ⓒKorea Jewelry Society

p78 / 덕분에 반지. ⓒKorea Jewelry Society

p81 / 사계(The four seasons) 부드럽게 녹아내리는 그 계절의 온도. ⓒ박다빈 디자이너

p82 / 도멘 드 라 로마네-콩티 2014, 갤러리아 명품관 MOSAIC 프로모션 이미지.
Photo: 한화갤러리아 제공. ⓒ All rights reserved

p84 / 아이테르(Aiθηp). ⓒ방남희 디자이너

p87 / 사계(The Four Seasons). ⓒ오효근 명장

p89 / 염원. ⓒ손유학 디자이너

p90 / REVE 1RING. ⓒ강민정 교수

p94 / 사랑의 귀환. ⓒ예명지 교수

p96 / 저 높은곳을 향하여. ⓒ김선희 디자이너

p98 / Like Mondrian4. ⓒ배정원 디자이너

p100 / 위 게르만족과 메로빙거 시대의 브로치 및 장신구,
아래 비잔틴 시대의 금제 십자가와 목걸이, 귀걸이, 반지.
대영박물관 소장. Photo © [김성기]

p103 / 좌 에메랄드와 다이아몬드 목걸이, 나폴레옹 1세가 황후 마리 루이즈에게 선물한 주얼리 세트 중 하나,
우 나폴레옹 다이아몬드 목걸이, 234개의 다이아몬드로 세팅된 작품. 나폴레옹 1세가 황후 마리
루이즈에게 헌정.
스미소니언 국립자연사박물관 소장. Photo © [김성기]

p104 / 하랑(하늘에서 내린 사랑). ©이우나 디자이너

p106 / 블랙 로즈. ©이재흥 디자이너

p108 / 실크로드. ©김윤봉 작가

p111 / 진주 목걸이. ©Korea Jewelry Center

p118 / Birth of life. ©예명지 교수

p120 / Mystic Green. ©제마트

p122 / 다이아몬드 세팅. ©최옥남 명장

p125 / 2007 漸移 III. ©김민호 교수

p127 / 漸移 CRYSTAL IV. ©김민호 교수

p128 / Aura Tara Bracelet. ©박진영 디자이너

p130 / © Shubham Dhage / Unsplash

p132 / 골든듀의 'AR 가상착용' 서비스. ©GOLDEN DEW

p135 / ALHAMBRA-RING. ©강민정 교수

p136 / 아쿠아마린 귀걸이. ©박혜미 디자이너

p138 / 바이올린. ©최옥남 명장

p140 / Autumn wind scent. ©김주연 디자이너

p144 / Illusion Fantasy. ©김지현 디자이너

p146 / 보석으로 채워지는 여백. ©최덕문 작가

p148 / 느낌. ©강가람 기능장

p150 / Rough Diamond. ©Korea jewelry Center

Why We Need Gems

Steve Kim

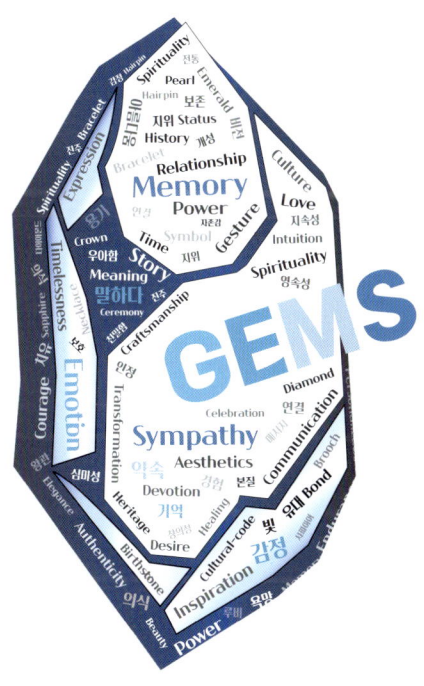

판권 내용	보석이 필요한 이유
초판발행	2025년 10월 18일
저 자	김성기
발행처	주얼인북스
주 소	서울특별시 종로구 돈화문로41 금성빌딩 3층 302호
연락처	(TEL) 02-2686-6712 (FAX) 02-2686-6713
메일	jewelinbooks@naver.com
출판등록번호	제2025-000047호
ISBN	979-11-993084-0-4

본서의 문단 전재·복제 행위는 저작권법에 의거하여 5년 이하의 징역 또는 5천만원 이하의 벌금에 처하거나 이를 병과할 수 있습니다.